U0024395

風雲時代

風雲時代

你，選對了嗎

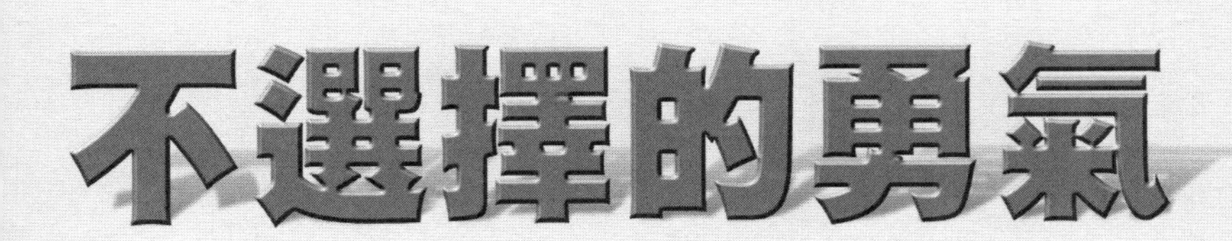

張旭——著

目錄
Contents

第三章　機遇的選擇

第四章　要選致富一生的財商

目錄
Contents

第七章　健康是可以選擇的

第八章　學會選擇，學會放棄

前言

聰明選擇；勇敢不選擇

一分付出就有一分收穫，這個道理人人都知道。可是又有誰在此同時想到，如果沒有一個正確合適的選擇，再多的努力都是白費的。

所以，從這個角度來說，應該是「一百次努力，不如一次正確的選擇」。

選擇，是一種心態、一門學問、一套智慧，是生活與人生處處需要面對的關口。

1

我們每天都在面臨著選擇，這個時代是個給人壓力的時代——

街上的人們談論著房價和股市又漲了多少；

辦公大樓裡的白領們每天都在想怎麼增加自己的業績；

在學校的學生都在考慮怎麼找到更好的工作；

……

人人都在努力讓自己生活得更好，每天都在做出自己認爲正確的選擇。

人人都做過選擇題，有多項選擇，也有單項選擇。

單項選擇只有一個正確答案，最好的方法就是運用排除法，把明顯錯誤的先除去，然後再進一步篩選，這樣得到正確選項的機率就會高很多。

相比單項選擇，多項選擇要難得多，你不知道有多少個選項是對的，也不知道有沒有漏選，一不小心就會丟掉全部的分數。

人生的選擇當然不可能像單項選擇這麼簡單，面對選擇，人們也不可能像丟分數那樣淡定。人人都希望前方有一條最適合自己的路等著自己一路綠燈地走過去，你所做的只是需要找對它。要找到這條路，就需要在人生的選擇中步步慎重。

學會看清自己，承認現實，看懂世界，持續失敗，然後瞭解規則。有一天，你會發現，你隨便遛個彎，就能走出一條陽光大道。

2

選擇，這個問題看似簡單，卻又複雜，看似平常，卻又特殊。

你想要的不一定對，不一定適合你，也許走起來很崎嶇，但那是你想要的；你伸手可及的，也許是平坦的，是最正確的、最適合你的，但是卻沒有你想要的驚喜。

能有以上選擇權利的人應該是幸福的，因爲他至少還可以憑藉自己的想法去選擇。

而人生中大多的選擇是無奈的，不管是哪條路，那都是你不得不選擇的。舉個最簡單的例子，你想選擇上大學，可就是沒有考上，那你只能選擇其他的道路。

對自己的選擇負責任，正確面對自己的選擇很難。

自己的路選擇了就別後悔，好好地面對，因爲後面還會不停地出現選擇題，儘管現在你可能走上了一條你不喜歡的路，但後面還是有機會改變的。

所以，不要後悔自己選擇的每一步。

雖然每個人對生活的理解不一樣，但下面這些選擇卻是每個人都夢寐以求的，這些選擇智慧也是每個人所需要的。

選擇快樂，放棄憂愁；

選擇堅強，放棄軟弱；

選擇寬容，放棄狹隘；

選擇友愛，放棄仇恨；

……

這些正確的選擇，是你一定要做的。學會選擇的同時，也要學會放棄。

如果說，選擇是人生的第一推動力，選擇是主宰人生命運的關鍵，那麼，放棄則是胸懷和境界的開闊，是痛苦和憂愁的不屑，是風度和勇氣的超脫。

3

在這個世界上，沒有人是天生的成功者，也沒有人是天生的失敗者。大家之所以擁有不同的人生，是因爲各自的選擇不同。人生路漫漫，只有選擇最有效的途徑和方法，才能使自己獲得更大的進步和提高。

昨天的放棄決定今天的選擇，明天的生活取決於今天的選擇。

本書從人的生活、工作、社交、家庭、學習、能力、修身等多方面出發，告訴大家如何學會選擇和放棄，贏得精彩的生活，擁有海闊天空的人生境界。

第一章
正確選擇你的人生

當我們站在前途未卜的十字路口，正確的選擇顯得尤為重要，它決定著我們一生的成敗。做出選擇是需要果斷和勇氣的，它有猜測和賭博的成分，但更多的是來自於自身知識和智慧的判斷。所以，你要放下那些雞肋般的生活模式，勇敢做出選擇，爭取搭上成功的航班。

1 選擇決定命運

第一次世界大戰中，美國的大山和朝鮮的東尼被當作間諜遭俘獲，那個國家的將軍向來堅持一個原則，就是被俘的人就會判其死刑。

但將軍並不是一個以殺人為樂的人，所以多年來他一直堅持，在執行槍決的時候，會給受俘者一次選擇的機會，那就是由行刑隊迅速槍決，或者是碰運氣去選擇一道神秘的黑門。

死刑執行的前一刻，將軍問他倆選擇怎樣的死法。

首先站出來的是東尼。

東尼站在黑門前猶豫了一下，想像出各種各樣的懲罰手段，想得他不寒而慄。最後，他放在黑門上的手落了下來，並對將軍說道：「你還是讓他們開槍打死我吧！」

幾分鐘後，槍聲響起，東尼被執行槍決。

輪到大山的時候，大山想：橫豎是死，雖然執行槍刑會讓自己死得更快一點，但他還是想知道大門後面設置的到底是什麼東西。

沒等將軍開口，大山便說道：「我選擇去面對黑門裡的處罰。」

將軍問大山：「也許裡面的死法會讓你痛不欲生。給你三分鐘時間，你還是考慮清楚，不要輕易地做出判斷。」

大山聽後說道：「我因做了錯事被你們抓住，死而無憾，還請求將軍能滿足我死前的願望。」

將軍笑著說道：「那好，祝你好運！」

此時，在場的人都為大山捏了一把冷汗，因為除了將軍，誰也不知道黑門後面到底是什麼樣的懲罰。

當大山鼓起勇氣推開黑門的時候，擺在他面前的卻是一條乾淨的大路。他不解地面向將軍，「這是？」

「恭喜你，你獲得了自由，希望你走出去後能堂堂正正做一個好人。」

大山聽後，喜悅無以言表，他鞠躬謝過將軍後就走了。

此時，將軍對他的副將說道：「大山的選擇決定了他再生的命運。很多人在面對未知的事物時都有一種恐懼，他們不敢去探究黑門後到底是什麼。在大山之前的那些人，即使給他們選擇，他們還是無一例外地選擇了死亡。」

大山和東尼的故事告訴我們：人的一生中要面臨的十字路口有很多，每一條路的盡頭都是我們未知的結果，一定要根據自身的價值取向，朝準一個方向，勇敢地邁出自己的第一步。只有嘗試了，才能知道我們走的路是否正確。

2 正確的選擇讓你與成功「握手」

選擇是一個人性格和智慧的綜合，當你做出選擇的時候，勢必要放棄原先的人生軌跡。

在李嘉誠十多歲的時候，父親突然去世，家庭的重擔全部落到了他身上，當時的他不得不靠打工來維持整個家庭的生存。他先是在茶樓做跑堂的夥計，後來應聘到一家企業當推銷員。

由於做推銷員首先要會跑路，這一點難不倒他，以前在茶樓成天跑前跑後，練就了一副好腳板，但最重要的，是怎樣把產品推銷出去。

有一次，李嘉誠去推銷一種塑膠灑水器，連走了許多家都無人問津。他的業績是最差的。

這天，他跑了整整一上午，沒有一點收穫。若下午還是毫無進展，他很可能會被炒魷魚。面對這樣的結果，李嘉誠十分喪氣，甚至準備乾脆辭職不幹，轉行幹別的行業。

不過，他突然明白過來：推銷效果不理想，並不是產品不行，而是自己推銷不到位。否則，其他的推銷員為什麼能夠幹得那麼好呢？看來，唯有自己多動腦想辦法，才能有真正的突破。

於是，他開始不停地給自己打氣，精神抖擻地走進另一棟辦公樓。

當時他看到辦公室的樓道上灰塵很多，便突然靈機一動，跑去洗手間，往灑水器裡裝了一些水，趁著有人經過的時候，將水灑在樓道裡。

經他這樣一灑，原來很髒的樓道一下變得乾淨了。此舉立即引起主管辦公樓的有關人士的注意，一下午便賣掉了十多台灑水器。

如果李嘉誠將辭職不幹的想法付諸實踐，或許他就不會成爲今天的李嘉誠。他之所以能夠成功，就在於他在自暴自棄和自我反省間明智地選擇了後者。如果他一直自怨自艾，又怎麼能想出這樣一個精妙的推銷策略呢？

由此可見，正確的選擇往往能夠改變命運，但做出選擇是需要勇氣的，選擇後的人生也許是成功的，也許是失敗的。但只有敢於嘗試，能直面失敗，果斷地做出抉擇，才有機會和成功「握手」。

3 遇事冷靜才能正確選擇

敘拉古國王命工匠做了一頂純金王冠。王冠做成後，國王懷疑工匠偷了金子，而摻入其他金屬，使命令阿基米德在不能損壞王冠的情況下，查明王冠中是否摻入了其他成分。

阿基米德苦思解決這個難題的辦法，一直沒有什麼進展。實在太累了，他便決定去洗個澡放鬆一下。他打開水龍頭，自己則躺進浴盆中，愜意地享受著。

正當他閉眼假寐時，聽到有嘩嘩的水聲，睜眼一看，浴盆裡的水已經滿到了盆口，正在往外四處流溢。他趕緊從浴盆裡站起來，這下子水位又低了下去。

這時，他突然領悟到了一個極其重要的原理。他欣喜若狂，連衣服都沒穿好，就往皇宮跑去，邊大聲喊著：「我找到啦！我找到啦！」

他找到了兩個原理：一是把物體浸在任何一種液體中，液體所排開的體積，等於物體的體積；二是物體所受到的液體浮力，等於所排出的液體的重量。阿基米德將與王冠等重的一塊金子、一塊銀子和王冠分別放在水中。金塊排出的水量最少，銀塊排出的最多，王冠在兩者之間，這證明了王冠中一定摻入了其他金屬。

事實擺在面前，工匠只得低下頭承認罪行。而阿基米德則發現了液體靜力學的基本原理。

在這個故事裡，我們看到阿基米德在身心完全放鬆的情況下，排除了外界的一切干擾，讓思緒在有意無意中自然遊蕩。這時，靈感產生了，以前理不清的事情，突然清晰地出現在面前。

平日有人遇到煩心事時，常會說：對不起，我要一個人待一會兒。這樣的人是聰明的，他會通過獨處靜思，使自己冷靜下來，以一種平靜的心態來重新看待所發生的一切。

我們也應該學會這個方法，再進一步，可以把它變成一種習慣。每天，最好是在晚上，或是清晨，抽出十幾分鐘或半個小時，找一個無人打攪的地方，靜靜地沉思冥想，或者乾脆什麼也不想，閉上雙眼，深呼吸——吸氣，吐氣，再吸氣，再吐氣……

當有雜念干擾我們的思緒時，要輕輕地趕開它們，把注意力繼續放在自己的呼吸上，一遍一遍重複地做。這時候，我們心中的浮躁、焦慮、憂愁就會慢慢地離去。

一個人在大街上行走，突然有人喊了聲：「喂！你腳下好大一枚金戒指！」

這人低頭一看，是一枚金戒指，看起來大約值一千元。他撿了起來。

喊話的人走了過來，說：「這枚戒指是我發現的，應該有我一份。」

這人一想有道理，但一枚戒指怎麼分呢？這時，喊話的人出了個主意：「這樣吧，我給你兩百元，你把戒指給我。」

這人一想，明明值一千元的戒指，一人一半應是五百，你想多分三百元，天下哪有這樣的好事？於是道：「不行。」

喊話的人聽了，只好說：「這樣吧，你給我加兩百，戒指就是你的了。」

這人心中一陣竊喜，照辦了。回家後冷靜一想，才發現事有蹊蹺，請人鑑定後，發現戒指根本是假的，一文不值。

爲什麼這人會上當受騙呢？因爲他當時沒有冷靜地去思考問題。

爲什麼他不能冷靜呢？因爲他一看見金戒指，內心的欲望就燃燒起來：他要得到這枚戒指。心中有了這樣的想法，就無法冷靜了，對事情的來龍去脈也就不會仔

細思考，自然會上當受騙。

幾乎所有的騙子和騙術都是在利用人們不能冷靜的心態。因爲只有這時，人們才不會去審時度勢，無法發現事實的真相，他們的騙術才會成功。

天竺高僧菩提達摩，在南朝梁代時漂洋過海來到中國傳授禪學。

他來到嵩山少林寺，寺中老僧對他並不熱情，達摩便在寺後山上找到一個天然石洞，面壁修習禪定。這一修就是九年。因面壁時間長久，達摩的身形竟映入石中，留下了「面壁石」的奇觀。

起初少林僧眾對達摩面壁都抱著看熱鬧的態度，洞口終日人聲喧嘩，但達摩我行我素，並不受影響。九年過去，少林僧眾都成了達摩的信徒，達摩由此也成為中國禪宗始祖。

達摩面壁，是要使自己抵禦住外界的誘惑，保持內心的純淨，「心如牆壁」，從物欲的困擾中解脫出來。

卡通中的一休小和尚，每次遇到難題，都要獨自坐在樹下，以手指按頭靜坐一會兒。經過這樣的思索，很快便能找到問題的答案。

很多科學家都有獨自沉思的習慣，偉大的發現和發明往往就在這時候誕生。例如，萬有引力定律的發現，就是牛頓獨自一人在蘋果樹下沉思時，一個偶然掉下的蘋果觸發了靈感。

由此可見，一個人的心態只有達到空與靜的狀態，才能「不以物喜，不以己悲」。擁有這樣的心態，也就擁有了一切。然而，這樣的人卻寥寥無幾。

現實生活中，一些人之所以不能夠成功，並不是由於其智商不高，而在於他們的內心沒有達到「空」與「靜」的狀態，阻礙了他們做出正確的選擇。

心浮氣躁者看不清事物的本來面目，容易主觀行事，一錯再錯；心平氣和者能認清事物的本來面目，自然萬事得理，一順百順。所以，凡事一定要保持冷靜，才能做出理性而明智的選擇。

4 好運可以選擇

早在西元前一世紀，希臘斯多葛派大師埃皮克提圖就已經給了我們這樣的建議：「無論偶然何時降臨，記得問自己，如何才能讓它發揮效用。」他所說的「偶然」，大概就等同於我們口中玄而又玄的「命運」吧。

是的，我們的一生充滿太多自己難以把握的偶然性，這從出生時就開始了。終其一生，我們都必定要受到外界一些不確定性因素的影響，而我們的命運也註定是不確定的。

正是這種不確定性，使得生活不能總是如我們所願，但它同時也決定了沒有所謂「註定的命運」。一切都在偶然中發展，前面的環節影響著後面的每一個步驟。

那麼，既然「不確定的命運」是人生的真相之一，也是我們必須面對的事實，我們需要做的就是如何適應這個充滿不確定性的環境，進而成爲勝利者。

我們要學會如何遠離危險；當機會出現的時候，要懂得如何識別，也要懂得如何爭取別人的支持。如果能做到這些，毫無疑問，你就是眾人眼中「好運相隨」的幸運兒。但事實上，好運如影隨形並非因爲你真的備受上天眷顧，而是你做出了正確的選擇。

做出正確的選擇談何容易？假如現在給你兩個選擇：其一，一次給你一百萬；其二，先給你一元，之後連續三十天，每天給你前一天兩倍的錢。你會選哪一個？

大概很多人都會毫不猶豫地選擇第一種，那他只能拿到一百萬元，而選擇後一種的人，卻能在第三十天拿到超過五億的數目！

這只是一個簡單的例子，其中卻蘊含著非常深刻的道理。大多數人只願選擇眼前的財富和幸福，而忽視了那些需要等待的收穫和甜美。很多人不肯在今天用功，因爲太辛苦，而且是否能成功還是個未知數，還不如選擇享受今天的安逸生活。既然已經選擇了得過且過，那又怎麼能希望明天好運會降臨到你頭上呢？

人無法選擇時，至少有一樣可以選擇：那就是選好自己要幹的，而不是得過且過。在同一個工作崗位上，有的人勤懇敬業，付出得多，收穫也多；有的人整天想調好工作，而不做好眼前的事。其實，你的選擇也決定了將來的被選擇，而這種被選擇，往往就是「好運」的代名詞。

5 把手裡的每張牌都打好

人生的道路是曲折不平的，當你面臨大大小小的選擇時，所做的抉擇就決定了你的人生軌跡。因此，你必須認清自己的方向和目標，以便做出正確的選擇。

選擇，要做的是學會控制自我。在生活中，有太多太多插著鮮花的陷阱，面對這些誘惑或者威脅，只有把握住自己，才能做出正確的選擇。縱觀歷史長河，有多少千古遺恨都是因為一時無法自控而造成的。生活的不如意是客觀存在的事實，每個人都無法改變，至少暫時無法改變，但你可以選擇，選擇光明的世界，選擇美好的人性，生活的選擇權掌握在自己的手上。

艾森豪年輕時，經常和家人一起玩紙牌遊戲。

一天晚飯後，他像往常一樣和家人打牌。這次他的運氣特別不好，每次抓到的都是很差的牌。開始時，他只是有些抱怨，後來，他實在是忍無可忍，便發起了少爺脾氣。

一旁的母親看不下去，正色道：「既然要打牌，你就只能用你手中的牌打下去，不管牌是好是壞。要知道，好運氣不可能永遠光顧你！」

艾森豪依然憤憤不平。母親見他仍是氣呼呼的樣子，心平氣和地告訴他：「其實，人生就和打牌一樣，發牌的是上帝，不管你手裡的牌是好是壞，你都必須拿著，必須面對。你能做的，就是讓浮躁的心情平靜下來，然後認真對待，把自己的牌打好，力爭達到最好的效果。這樣打牌，這樣對待人生才有意義！」

母親的話猶如當頭棒喝，此後，他一直牢記母親的話，並以此激勵自己去努力進取、積極向上。就這祥，他一步一個腳印地向前邁進，成為盟軍統帥，最後登上美國總統之位。

人的一生中充滿了大大小小的選擇，小到在餐館點菜，大到選擇人生信仰，選擇不同，道路也會不同。魚和熊掌不可兼得，你必須學會選擇。面對繁複的世界，面對各種各樣的選擇，你必須認準自己的方向和目標，才能做出正確的選擇。

總之，在人生的關鍵時刻，一定要用自己的智慧去選擇，這樣才能做出最正確

的判斷，從而選擇正確的人生方向。同時，要注意你的選擇角度是否存在偏差，以便適時地給予調整。

6 別忘了不斷地選擇

人生只有三天——昨天、今天和明天。你的今天是你的昨天所決定的，而你的明天將由你的今天來決定。

人生在世，無時無刻不面臨著選擇，有時無關緊要，有時事關重大，有時面臨生死。選擇是如此重要，選擇的正確與否關係到我們事業的成敗、家庭的和諧以及個人的身心健康。人生的道路很漫長，選對了，人生就會變得輝煌精彩；選錯了，就會令你苦惱與遺憾。

做出合理判斷從而走向成功，或者陷入失敗，都在於你自己。一個人要想獲得成功，擁有一個美麗的人生，應該認清自己的人生方向和目標，做出正確的選擇，尋找適合自我生存和發展的空間。

有三個人要被關進監獄，監獄長允許他們一人提一個要求。

美國人愛抽雪茄，要了三箱雪茄；法國人最浪漫，要一個美麗的女子相伴；猶太人說，他要一部與外界溝通的電話。

三年後，第一個出來的是美國人，嘴裡鼻孔裡塞滿了雪茄，大喊道：「給我火，給我火！」原來他忘了要打火機了。

接著出來的是法國人，只見他手裡抱著一個小孩，美麗的女子手裡牽著另一個小孩子，肚子裡還懷著第三個；

最後出來的是猶太人，他緊緊握住監獄長的手說：「這三年來，我每天與外界聯繫，我的生意不但沒有停頓，反而增長了一倍，為了表示感謝，我要送你一輛勞斯萊斯！」

這個故事告訴我們，什麼樣的選擇就會決定什麼樣的生活。也許這就是大部分人活得碌碌無為的最主要原因。如果你想實現自己的人生價值，千萬別忘了好好選擇。

甲、乙、丙、丁是四個幸運的年輕人，他們得到上帝的垂青，可以搭上「願望列車」選擇自己的將來。

「願望列車」有四個停靠站，分別是金錢、親情、權力和健康。四個人可以選擇在任何一個車站下車。於是，他們帶著自己的追求做出了選擇。

甲在「金錢」下了車，乙在「親情」下了車，丙在「權力」下了車，丁在「健康」下了車。

數十年過去，甲、乙、丙、丁四人不約而同地來找上帝傾訴。

甲說：「謝謝上帝，我現在非常有錢，富可敵國。可是年輕時為了賺錢，我透支了青春，現在身體有許多毛病。我覺得很不幸，能否用我的錢把『健康』買回來？」

乙說：「我很幸福，有一個美滿的家庭。可我的煩惱也挺多……我能用親情換些金錢和權力嗎？讓家人更加幸福。」

丙說：「我有許多權力，人家當面說的是讚美、討好的話，背後卻是惡語謾罵。別人請吃飯，不去也不行，因為他們會說我有權力就擺譜；堅持原則辦事，親戚又說我六親不認……我多想擁有健康和親情呀！」

丁也抱怨說：「我身體健康，從沒上過醫院。可是我的妻子卻說我不求上進，像頭豬一樣活著，永遠也過不上開私家車、住別墅的日子。為此，我常常煩惱。我能不能用我的健康換些錢呢？」

上帝看著他們，指了指天空自由飛翔的小鳥，又指了指籠中歡快跳躍的小鳥說：「人其實就像小鳥，天空小鳥的快樂，在於牠選擇了自由；籠中小鳥的快樂，在於牠可以輕鬆安逸地待在籠子裡。快樂源於選擇，源於如何看待自己的選擇。後悔是沒有用的。」

人生的道路是一條曲線，起點和終點無可選擇，但起點和終點之間充滿了無數個選擇的機會。在這個很精彩且複雜的世界裡，無論是強者還是弱者，也無論是成功者還是失敗者，他們之間最重要的區別就是對人生之路選擇的差別。前者選擇了

一條佈滿荊棘、充滿風險卻能使人生放射華光異彩的道路，而後者則選擇了一條平坦卻很平庸的道路。

如果你不想平凡地度過此生，想在芸芸眾生中脫穎而出，那麼你一定要注意決定你一生的「選擇」！

7 你有權選擇成功，也有權選擇平庸

一個人的手中既握著失敗的種子，也握著邁向成功的潛能。你有權選擇成功，也有權選擇平庸，沒有任何人或任何事能強迫你，關鍵在於你的「選擇」。

有人說：「我們老得太快，卻聰明得太遲。」人生漫長而又短暫，能夠決定一個人一生命運的，其實就是那麼幾步而已。回首往事，人總免不了有許多懊悔，發出「如果有來生，我……」的感嘆。這時候，你抱怨的其實並不是命運，而是你當初的選擇。

假如當初是另一種選擇，也許你還是會對現狀不滿，感覺不盡如人意。人生是

一張單程車票，可以回頭的機會寥寥無幾，在匆匆的步履中，一些不起眼、不經意的選擇就決定了你未來的命運。你要選擇什麼樣的生活，全憑你那一剎那的決定。而這個決定可大可小，切記，慎之再慎！

有一個美國人，平常很愛喝酒，毒癮很重，脾氣也非常暴躁，他因為看不慣，便把一個酒吧的服務生給殺了，被判終身監禁。

這個人有兩個兒子，年齡只差一歲，老大跟爸爸一樣，毒癮也很重，靠搶劫和偷竊為生，最後判終身監禁。

老二卻不一樣，家庭幸福美滿，有漂亮的妻子和可愛的孩子，是一家跨國公司的老總。

同一個父親，兩個不同的兒子，記者覺得很奇怪，去採訪的時候問：「為什麼會這樣？」答案很令人驚訝，兩個人的回答竟完全一樣：

「有這樣的爸爸，我還有什麼辦法？」

一張紙片可以變成廢紙扔在地上，被我們踩來踩去，也可以作畫寫字，更可以折成紙飛機，飛得很高很高，讓我們仰望。一張紙片尚且有多種命運，更何況人呢？命運如同掌紋，彎彎曲曲，然而無論它怎樣變化，永遠都掌握在自己的手中。

一位偉大的哲人說：「人生就是一連串的抉擇，每個人的前途與命運，完全把握在自己手中，只要努力，終會有成。」

8 選對人生的座標

怎樣去規劃自己的人生，是一個人志向大小的體現。一個志在往上攀登的人，他的心也會永遠向上；而甘心成爲別人墊腳石的人，永遠都不會有太大的出息。

即使是最弱小的生命，一旦把全部精力集中到一個目標上也會有所成就；而最強大的生命如果把精力分散開來，最終也會一事無成。

所以，你給自己定位什麼，你就是什麼，定位能改變人生。

汽車大王福特從小就在頭腦中構想能夠在路上行走的機器，用來代替牲口和人力，而家人卻要他在農場做助手，但福特堅信自己可以成為一名機械師。於是，他用一年的時間完成別人要三年才能完成的機械師培訓，隨後，他又花兩年多時間研究蒸汽原理，試圖實現他的夢想，但沒有成功。

之後，他又投入到汽油機的研究上，每天都夢想製造一部汽車。他的創意被發明家愛迪生所賞識，於是被邀請到底特律公司擔任工程師。經過十多年努力，他成功地製造出了第一部汽車引擎。

福特的成功，完全歸功於他正確的定位和不懈的努力。

總有一些人或因受宿命論的影響，凡事聽天由命；或因性格懦弱，習慣依賴他人；或因惰性太強，好逸惡勞；或因缺乏理想，混日為生……總之，他們先給自己定了調：遇事逃避，不敢爲人之先，不敢轉變思路，而被一種消極心態所支配，甚至走向極端。

無論你怎樣看待成功，都必須要有自己的獨特定位。千萬不要選錯了人生的座標，一個人若能正確定位，就能掌握人生的羅盤。

第二章
學會職業能力的選擇

在我們進行職業的選擇時，首先要考慮的是，我選擇的這份工作是否適合自己的個性？是否利於長遠的發展？自己是否有能力勝任？千萬不要一味地選擇眼前熱門的、賺錢的職業，要把自己的視野放得長遠些。

1 先定位自己

見首不見尾的應聘隊伍、場內飛撒的求職簡歷、應屆生焦急彷徨的眼神，構成了當今一幅幅生動鮮活的就業市場畫面。

造成就業難的原因很多，比如熱門科系畢業生過多，導致人浮於事；求才單位門檻過高，畢業生難以逾越等。但是不是也需要從求職者自己身上找找原因呢？有些大學生自恃是「天之驕子」，求職時眼高手低，卻缺乏對自身能力素質的正確認識。

在求職前，必須先知道自己的興趣特長，瞭解自己的就業傾向以及求職技能和技巧，分析自己的競爭力如何，要做到自己與自己競爭，而不是一味地與他人攀比。

自我評估的目的，是認識自己、瞭解自己。因爲只有認識了自己，才能對自己的職業做出正確的選擇，才能選定適合自己發展的職業生涯路線。

在用人單位眼裡，現在的求職者往往高不成低不就，他們認爲現在的求職者沒有以前那麼肯吃苦，專業知識又不夠。這樣的成見固然跟求才單位對求職者的情況不完全瞭解有一定的關係，但是很大一部分原因和求職者沒有正確地審視自己有關。

因此，正確認識自我，認識社會職位要求，找準自己的社會定位尤爲重要。

（1）你是找工作，不是談戀愛。

要知道，找工作不是談戀愛，有了感情就愛，沒感覺了就走開。找工作更像是一場肩負責任的婚姻，盲目地把媚眼拋向自己並不熟悉的崗位，是對雙方極其不負責任的做法。如果你只是想找個工作，或許可以把履歷像發傳單一樣發給每個徵人的單位；如果是想找到好的工作，那麼建議你最好是有選擇地投出履歷，這樣省錢也省精力，而且也容易以好的精神面貌出現在主考官面前。

（2）你是去上班，不是去約會。

面試時，你的儀表很重要。長相不是你所能決定的，但怎麼裝扮自己，主動權完全在你手上。在面試時，有些女孩子打扮得很漂亮，只是那種漂亮過了頭，難免給人輕浮的感覺；也有人說話裝腔作勢，本來可以好好回答的問題，非要來句「嗯」「啊」「這個嘛」。這些在面試時都是很忌諱的。

（3）不要模稜兩可，要學會婉轉。

職場工作時，當對方問到不是你的強項時，不要模稜兩可掩飾自己的缺點，而

應機靈婉轉地把自己的優點表現出來，態度更應誠懇謙虛，如此必能贏得別人的好感。

（4）學會用價格評估自己。

工作是爲了生存，只有在生存的基礎上才可以談發展。當對方問你理想月薪時，千萬別說夠吃夠喝夠租房就行，這樣的概念太籠統，也不要頭腦發熱說出過高的數目。你可以說出自己希望的待遇範圍，讓彼此都有一個選擇的空間。

總之，在就業形勢日益嚴峻的今天，在投出你的簡歷之前，年輕的求職者們要正確地認識自我，認識社會職位要求，找準適合自己的職位，並不斷充實自己，培養多種技能，這樣求職才容易成功。

2 選擇就業還是選擇繼續深造？

想要找到理想的工作，首先自己必須達到一定的水準。這個時候，「先磨刀，還是先砍柴」這個命題就擺在了我們面前。

是的，是先就業呢，還是選擇繼續深造呢？

有些父母把希望都寄託在兒女身上，於是多方省儉，甚至貸款使兒女繼續深造。他們認爲只要碩士或博士文憑到手，工作就有把握了。然而，就目前的社會形勢來看，這樣的希望到底會不會實現呢？

有些人畢業後因爲無業可就，姑且就去深造，然而，出去深造或許易如反掌，他日就業卻未必保證順利，甚至長期處於失業狀態，淪爲米蟲，成爲父母的負擔。

應屆畢業生選擇繼續深造，也應以職業發展爲目標，選擇合適的深造途徑，在學歷上提高自己的含金量，爲職場前途做好準備！

由於就業難度增加和大學生普遍降低就業標準，不符合自身能力和條件的「勉強就業」現象也大大增加。因自身能力和興趣愛好與所在職位的不匹配，勉強就業的大學生很難在工作中提升必要的職業技能，並引發頻繁跳槽，從而影響職業生涯的持續發展。這是一個嚴重的社會問題。在目前不合理的狀態尚未改正以前，這個問題是無法解決的。

有志氣、有魄力的學生也無需爲這個問題整天哭喪著臉，無論是先就業，還是繼續深造，最終的目的都應該是爲了更好的職業發展前景。到底是繼續深造更有利於將來職場發展，還是先就業更有利於職業發展，應該是每一個面臨類似情況的人都應仔細考慮的問題。

3 弄清楚自己的弱點

成就卓越者的成功得益於他們充分瞭解自己的長處，根據自己的特長來進行定位或重新定位，最後，他們得到了一片藍天。

要想成功，必須學會選擇；要學會選擇，必須先瞭解自己，做自己的主人。要清楚自己想要什麼，你的目標是什麼，瞭解自己的優勢和劣勢，選擇能發揮你優勢、避免你劣勢的「飯碗」。

美國社會專家研究顯示，人的智商、天賦都是均衡的，或許你在某一方面有優勢，但不一定在別的方面能夠贏過別人，有優勢的同時就會存在劣勢。人非完人，不可能在每個領域都十分突出，有時候甚至缺陷十分明顯。

不同的人，心理素質、心理特點、智慧結構等必然千差萬別。有的多條理，善於分析；有的多靈氣，富有幻想；有的擅巧計，能於謀略。客觀地認識自己，知道自己的長處，找到一條適合自己的路，這對於你的成功有著事半功倍的效果。

奧托・瓦拉赫是諾貝爾化學獎得主，他的經歷極富傳奇色彩。

瓦拉赫讀中學時，父母為他選擇的是一條文學之路，不料一個學期下來，老師寫下了這樣的評語：「瓦拉赫很用功，但過分拘泥，這樣的人即使有高超的智慧，也絕不可能在文學上發揮出來。」

父母親尊重老師的意見，便讓他改學油畫。可瓦拉赫既不善於構圖，又不會潤色，對藝術的理解力也不強，成績在班上倒數第一，學校的評語更是令人難以接受：「你是繪畫藝術方面的不可造就之才。」

面對如此「笨拙」的學生，絕大部分老師認為他已成才無望，只有化學老師認為瓦拉赫做事一絲不苟，具備做好化學實驗應有的品格，建議他試學化學。父母又接受了化學老師的建議。這下，瓦拉赫智慧的火花一下就被點著了，文學藝術的「不可造就之才」一下子變成了公認的化學的「前程遠大的高材生」。

瓦拉赫的成功，說明了一個道理：人的智慧發展有優點和弱點，一旦找到自己智慧的最佳點，使智慧潛力得到充分的發揮，便可取得驚人的成績。這一現象被人們稱爲「瓦拉赫效應」。

成功的訣竅在於經營自己的個性長處，經營長處能使自己的人生增值，否則必將使自己的人生貶值。每個人都有自己的優勢和劣勢，如果抱著自己的劣勢不放，就會荒廢自己的優勢。人生的成功，很大程度上取決於你在長項與短項上的抉擇。

在成功心理學看來，判斷一個人是不是成功，最主要的是看他是否最大限度地發揮了自己的長項。成功學家通過研究發現，人類有四百多種優勢，這些優勢本身的數量並不重要，最重要的是你應該知道自己的優勢是什麼、劣勢是什麼，之後要做的就是放棄劣勢，將你的生活工作和事業發展都建立在你的優勢上，這樣你才會成功。

每個人都具有特殊才能，應該儘量靈活運用自己的這項特殊才能。但是，偏偏有很多人以爲自己所具有的這項才能只是一些不登大雅之堂的「玩意」，根本不曾想過利用這項「小玩意」來提高身價。

德塞納維爾是別人眼裡一無是處的庸才，但他總覺自己有點與眾不同的地方。有一天，他腦子裡飄起一段曲調，他便將它大致哼了出來，並用答錄機錄了下來，請人寫成樂譜，名為《阿德麗娜敘事曲》。阿德麗娜是他的大女兒。

曲子譜好後，他就在羅曼維爾市找了一個遊藝場的鋼琴演奏員為之錄音。這個演奏員毫無名氣，窮酸得很。德塞納維爾給他取了個藝名，叫理查·克萊德門。

這一彈奏在音樂界引起了轟動，唱片在全世界一下子賣了兩千六百萬張，德塞納維爾輕而易舉地發了財。他說：「我不會玩任何樂器，也不識樂譜，更不懂和聲。不過我喜歡瞎哼哼，哼出些簡單的大眾愛聽的調兒。」德塞納維爾只作曲，不寫歌，他的曲子已有數百首，並且流行全球。

一個人做自己擅長的事，是獲取成功的一件法寶。每個人在年輕的時候都會立大志，但不是每個人都能當科學家、發明家。培養一技之長，一步一步去累積自己的個人資源，才是成大事的必由之路。

許多成就卓越的人士，他們的成功首先得益於他們充分瞭解自己的長處，根據自己的特長來進行定位或重新定位，最終找到真正屬於自己的行業。

如果你不瞭解這一點，沒有把自己的所長利用起來，你所從事的行業需要的素質和才能正是你所缺乏的，那麼，你將會自我埋沒。反之，如果你有自知之明，善於設計自己，從事你最擅長的工作，你就會獲得成功。

4 勇敢地選擇冷門的行業

在泰國有個養鱷大王叫楊海泉，他出生於一個貧苦的華僑家庭。父親楊水青早年前往泰國謀生，為人傭工，母親做挑擔小販，養育九子三女。

楊海泉排行第四。由於家境困難，他只斷斷續續上過一年小學，從十歲起就做童工，還做過小生意。他總結出一條經營之道，即在激烈的競爭中必須獨闢蹊徑，大膽開創他人都不涉足的冷門生意，才有可能獨佔鰲頭，立於不敗之地。

可是，冷門在哪裡呢？

一天，楊海泉遇到一個以獵殺鱷魚為生的相識，兩人在一起談鱷魚談出了興趣。那人道：「鱷魚的全身都是寶，捕殺鱷魚的人都發了大財。但是現在鱷魚越來越難捕了，就連小鱷魚也在捕殺之列。」

楊海泉靈機一動，立即想到：如果這樣濫獵濫捕，即使是一座金山也會被挖空的，何況是動物呢？如果把鱷魚的幼仔飼養起來，就像養羊養豬那樣，長大了再殺，不就可以「無窮無盡」了嗎？

到了二十世紀七〇年代初，楊海泉的「北欖鱷湖」已經是舉世矚目最大規模的人工養鱷湖了，率先進入專業化養鱷的行業。

一九七三年，國際保護鱷魚大會在泰國曼谷舉行，會場就是楊海泉的「北欖鱷湖」，這是對楊海泉事業的高度評價，是宣傳楊海泉先進經驗的絕好機會。

泰國人對楊海泉的成就大加讚頌，有一本雜誌這樣寫道：「楊海泉的事業成就充分表現出了泰國人民的偉大創造精神！」

就是這樣一個窮人的孩子，幾乎沒有上過什麼正規的學堂，居然走進世界最權威的鱷魚專家的行列，創造了一個神奇的「鱷魚王國」，成為泰國巨富，這簡直就是一個神話。

楊海泉的可貴之處就在於不「滿足」。他知道，走冷門，燒冷灶，大膽創新，勇於堅持，人棄我取，才能創造奇蹟。

人爭我棄，人棄我取，是一種特殊的戰術戰略，可用於軍事上，亦可用於商戰中。在心理學上，它叫創新思維、超前思維或逆向思考，這種思維能幫助人們改革創新，甚至可以創造奇蹟。

人們做生意都喜歡選擇熱門的，但是真正能發財的沒幾個，有的甚至賠得血本無歸，因爲做這類行當競爭太激烈了；而選擇做冷門生意成功機率就很高，因爲從事此類生意的人很少，對手不是很多，競爭現象基本不用考慮，所以風險小，成功機率就大。

冷門看似冷其實不冷，要記住「物以稀爲貴」這句話。因此，在創業的過程中，我們可以運用一下逆向思考，勇敢地選擇冷門的行業，它會給我們帶來一種新創意，更能獲得他人意想不到的成功！

5 如何選擇有前途的科系

薩特曾經說：「生命的意義要靠你去給予。人生價值不是別的，而是你所選擇的那種意義。」很多朋友也許是由於太年輕，沒有能力決定自己的前途，也許是因爲沒有什麼特殊的愛好和突出的優勢，在選擇科目時不知所措，不知道該選擇什麼。此時，就要多與老師、同學、家長、長輩們交流意見，坦誠地、準確地向他們描述自己，讓他們來出些主意。但你必須記住，別人的主意僅供參考，最終的選擇還需要根據自己的客觀實際，謹慎而果斷地做出合理的選擇。

胡適考取官費留學後，他的哥哥為他出國送行時說：「我們家早已破產中落，你出國要學些有用之學，幫助復興家業，重整門楣。你去學開礦或造鐵路吧，這些學科比較容易找到工作，千萬不要學與此沒有用的文學、哲學之類沒飯吃的東西。」

當時胡適回答哥哥：「好的。」開船後，胡適在船上想，自己對開礦沒興趣，對造鐵路也不感興趣，乾脆採取一個折中的辦法，學有用的農學吧，也許這將來對國家社會能有些貢獻。

胡適學了一年農學，雖然每門課成績還不錯，但他對這些沒有興趣，於是決定轉系重新選課。這時他又犯難了，選課用什麼做標準呢？聽哥哥的話？看國家的需要？還是憑自己的愛好？最後，他還是根據自己的興趣和性情所好，選擇了文學和哲學。

後來，胡適終於以文學和哲學成為名家。若當初他違心地聽了哥哥的話，選擇了當時容易找到工作的開礦和造鐵路，也許胡適將終生默默無聞。

胡適認爲，選擇科系時只有兩個標準，一個是「我」，一個是「社會」，看看社會需要什麼，國家需要什麼，中國現代需要什麼。但這個標準——社會上三百六十行，行行都需要，現在可以說三千六百行，從諾貝爾得獎人到修理馬桶的，社會都需要，所以社會的標準並不重要。因此，在拿定主意的時候，要依照自我的興趣走——服從性之所近、力之所能。

胡適還打了一個比方：譬如一個有做詩天才的人，不進中文系學做詩，偏要去醫學院學外科，那麼，文學院便失去了一個一流的詩人，而醫學界卻添了一個三四流甚至五流的飯桶外科醫生，這是國家的損失，也是他自己的損失。

在人生的道路上，有許多無可奈何，尤其在一個升學就業機會十分艱難的環境裡，常常得遷就世俗的壓力或眼光，選擇未必是自己喜愛的科系，然而在當今瞬息萬變的社會，知識更新迅速，各行各業皆能有不同的出路，堅持自己想要的，也許一個更好的領域在等著你去大顯身手呢！

6 認識你的職業優勢

「人要認識自己。」知己知彼，才能百戰不殆。在這個競爭激烈、日異月新的社會中，要想不被淘汰，首先要做到「知己」。

（1）自信。

許多成功人士認爲，人生的「第一桶金」是建立自信。沒有自信的人總覺得這也做不好，那也做不好，使得他們在工作上造成很大的問題。

每個人都有長處及短處，若是因爲害怕缺點而怯步，反而喪失了讓長處示人的機會。奧里森．馬登說：「如果分析一下那些卓越人物的性格，就會發現他們都有一個共同特點：他們在開始做事之前，總是充分相信自己的能力，深信所從事的事業必能成功，因此他們在工作時就能付出全部精力，排除一切艱難險阻，直到勝利。」

（2）找準適合自己的位置。

陳景潤，數學天才，但如此出類拔萃的數學家，在日常生活中卻經常鬧出笑話，顯得很笨拙。如果他走的不是數學這條路，充其量不過是個平凡人。

無獨有偶，少年的愛迪生生活顛沛流離，他嘗試過許多工作，不但毫無建樹，而且工資微薄，難以糊口。一個偶然的機會，他發現了自己的特長——改裝舊機器非常在行，從此走上創造發明的道路。

上帝創造人類，把人放在不同的地方，是因爲全部擠在一起，什麼也幹不了。人有十根手指，每根手指都有其特殊功能，如果互換過來，操作就會不靈，你想，用無名指和小指拿筷子能方便嗎？

（3）工作熱情。

要有挑戰自我的激情。對工作敷衍馬虎、得過且過，是難有成績的；艱苦奮鬥，不屈不撓，才能取得成功。容易的事情爲你積累經驗，艱難的事情挑戰你的能力。熱情好比一把火，面對熱情，哪怕是冰山也終有融化的一天。縱觀各行各業的成功者，他們對自己所從事的工作都抱有極大的興趣和熱情。沒有熱情，何來幹勁；沒有幹勁，又怎樣攻克堡壘呢？

（4）「不可能」與「丟臉」。

人們總是容易被挫折、失敗的想像所嚇住，並且害怕這種經歷讓自己蒙羞，似乎不去碰就能保住自己的顏面。其實不然，當你把「不可能」的圈子畫得愈大，「可能」的邊界就會越來越小。不敢挑戰「不可能」，不敢面對挫折、失敗，你的工作將會停步不前或倒退。失敗是一個寶藏，它能讓你更清楚地看到生活的艱辛、自我的缺陷，只有清楚地瞭解這些，你才會反省、思過、改進，你的工作才會精益求精。

（5）選擇你的理想職業。

工作是人生的一個重要部分，我們大部分時間都在與工作打交道。可以想像，如果長期從事一份自己不喜歡、覺得沒有前景卻無法輕易跳出的職業，那將是多麼可悲的一件事。因此，從某種程度上說，選擇你的理想職業，就是選擇你的人生。

儘管對大多數二十幾歲的人來說，前面的道路有點迷茫，職業的選擇也有許多不確定的因素，但是，如果你希望成功，你就必須好好規劃與選擇你的職業。

那麼，我們該如何選擇自己的職業呢？

第一，**我擁有什麼？**

把自己的專業、年齡、性別、個性、家庭情況、特長等一一列出，看看這些條件爲自己的職業帶來怎樣的效果。

第二，**我會做什麼？**

問問自己會做什麼，這樣才不至於在職場中犯了「眼高手低」的毛病。

第三，**我喜歡做什麼？**

看看自己有什麼愛好，如果能將愛好和職業結合，將是多麼幸運的事。一般來說，你得儘量選擇「核心業務」。所謂核心業務，也就是能直接幫助公司創造收入的業務，從事核心業務不僅能讓你收入更高、工作更穩定、更加受公司重視，最重要的是，在核心業務上做出業績的員工往往會獲得職位的快速提升。

其次是選擇「可替代性小的職務」。如此，你的工作才能長保久遠，待遇也會更好。替代性小的業務，幾乎都具有「三高」特點：一是智力含量高，如各類諮詢師、遊戲設計師等；二是科技含量高，如軟體架構師、通信工程師等；三是經驗價值高，如醫生、律師、會計等職位。

第四，**定下自己的長期目標和短期目標。**

在面試時，不少人都會被問及這樣一個問題：「你五年後的打算是什麼？」問

這個問題，招聘方是想看看你是個有計劃的人，還是一個走到哪兒算到哪兒的人。

一般來說，長期目標要盡可能的大，但必須通過一個又一個短期目標去逐步實現。

第五，**寫下你的提升計畫**。

記錄下自己需要掌握和學習的一些新技能，並按照時間的安排進行學習。

第六，**尋求幫助**。

當你實在無法確定自己的未來職業選擇時，你可以尋求父母、師長、朋友或職業諮詢顧問等外力來幫助自己。

7 第一份工作的選擇不馬虎

雖然就業形勢日趨嚴峻，但對第一份工作的選擇絕對不能馬虎。一個即將踏上社會的畢業生就像一張白紙，質樸單純；隨著經驗閱歷的增長，這張「白紙」會被染上不同的色彩，而第一份工作的經歷無疑爲這些色彩定下了基調。

一份心理學調查顯示：「如果一個人對某份工作滿意，他能發揮其全部才能的百分之八十到九十，並且能長時間保持高效率而不疲倦；相反，如果他對工作不滿意，則只能發揮全部才能的百分之二十到三十，還容易產生厭倦。」可見，對第一份工作的主觀評價，決定了你是否能將它做好，更關係到今後的職業發展。

企業的經營理念、行事原則會逐漸滲入到人的意識理念中，企業文化的薰陶作用也會日益增大。第一份工作不但影響畢業生的態度和行爲，也會影響到以後對待其他工作的心態。因此，第一份工作除了要考慮職位、薪酬等外在條件，更重要的，就是企業是否具有深遠的發展理念。這些也許目前不能帶來明顯的利益，卻深刻影響到人生的發展。

第一份工作的成敗，還會影響到一個人的自信心。對大多數畢業生來說，懷著對前景的期待，往往會對第一份工作付出相當的心血；一旦發現努力並不能給自己帶來更進一步的發展，工作熱情便會大大下降，自信心也會因此受到打擊。

所以，第一份工作的選擇，必須注重是否能提升素質、加強能力的培養，是否有足夠的學習機會爲自己充電。成功未必贏在第一步，但第一步就贏往往更容易成功。無論第一份工作是你心儀的還是差強人意的，你都得善待這份工作，因爲，對

初入社會的你來說，第一份工作極有可能影響你的一生。

◎如果第一份工作恰好是你心儀已久的

如果你有幸進入一家心儀的企業，你往往會滿懷憧憬，表現欲強，工作熱情高漲。在積極心態的推動下，你在工作中會化挑戰爲動力，較出色地完成任務。

這裡要提醒你的是：在一頭扎入工作的同時，請放慢節奏，做好三項功課：

（1）熟悉公司內部的組織結構。

包括公司有哪些部門，各個部門的職能、運作方式如何，自己所在部門在公司中的功能和地位，同事的頭銜和級別，以及公司的晉升機制，等等。

總之，對公司整體框架有了概念，你就能明確自己在公司的發展前景，不至於只顧埋頭工作而忽略了發展方向，能將被動地接受調動、工作委派和晉升變成主動爭取和計畫。

（2）瞭解公司在業內的地位。

做完第一項功課後，你就該將眼光放得更遠，關注公司的發展，比如公司是否屬於業界的領跑者，是不是面臨內憂外患、業績正在下滑等。這樣你就能知道公司未來的發展規模，自己能和公司一起走多遠。

（3）瞭解行業的發展狀況。

該行業是朝陽產業還是夕陽行業？這樣你就能知道幾年後自己積累的工作經驗對職業發展有什麼幫助。如果轉入相關行業，還需要補充哪些技能，或自己可對哪些領域進行研究、謀求發展。

把三項功課做好了，工作起來就會更有計劃性和目的性；否則，進入公司半年後還是懵懵懂懂，工作狀態就會呈一條明顯的「拋物線」：從積極主動到熱情消失，到滿意度下滑，最後盲目跳槽。

◎如果第一份工作差強人意

大多數剛步入社會的人，雖然懷抱美好願望，但最終還是迫於社會和生活的壓力，進入一個比上不足比下有餘的公司。

因為心存不甘，所以在進入公司初期，看到的缺點往往比優點多，從而形成懈怠、消極的心態。在這樣的心態下，很容易將工作僅僅看成謀生的工具，因此工作缺乏成就感。工作一段時間後，如果薪酬沒有達到期望值，或者人際關係出現困難，就會產生盲目跳槽的念頭。

對此，專家給出了兩點建議：

（1）端正態度，積極學習。

麻雀雖小，五臟俱全，即使公司在規模、盈利和薪酬等各方面都不算最好，但是對如一張白紙的新人來說，有足夠的東西可以學習是最寶貴的。

（2）關注職業機會。

做好本職工作、積累職場經驗的同時，你還可以積極為下一份工作做準備。比如，瞭解心儀職業的職業定義和應該具備的職業技能、核心競爭力，利用空餘時間提升自我。

不少企業對大學畢業生望而卻步，很大原因在於不少畢業生頻頻跳動，給企業留下了不好的印象。

理想和現實的落差，常常讓職場新人在對待第一份工作時心情慵懶、得過且過，對工作敷衍了事，或者整天想著跳槽。其實，這樣對待你的第一份工作，不但於事無補，反而會讓你的境況越來越差。因此，你得改變你的態度。

首先，**不要輕易決定第一份工作**。新人的第一次職場體驗是相當重要的，它會影響到今後的職業心態和職業規劃。因此，若是爲了在畢業前找到一份工作，或者迫於壓力而草率接受一份自己並不滿意的工作，都是不正確的。

其次，**調整心態，認識自我**。應該剖析自身的缺點，而不是抱怨這份看似很差的工作。如果經過努力你仍然無法像其他同學那樣找到滿意的工作，說明你職業競爭力偏弱，在專業知識、團隊合作和溝通能力等方面可能有所欠缺。因此，你關注的重點不應該是所在公司有多差、有多小，而是應該正視自己的弱點。

請你從上班第一天開始，鍛煉自己各方面的能力，取長補短，爲下一份工作積極做好準備。

8 舞臺的選擇

一位禪師為了啟發徒弟，給了徒弟一塊有著石頭外表的黃金，叫他去菜市場，吩咐說：「先不要賣掉它，注意觀察，，然後告訴我在菜市場它最多能賣多少錢。」

這個徒弟去了。在市場，許多人看著石頭想：它可以做很好的小擺件，或者可以給孩子玩，於是出價，但只有幾個硬幣。

門徒回來後說：「它最多只能賣幾個硬幣。」

師父說：「現在你去黃金市場，問問那兒的人。記住，不要賣掉它，只問問價。」

從黃金市場回來，徒弟高興地說：「太棒了，在那裡人們樂意出到一千元。」

師父說：「現在你去珠寶商那兒，問問那兒的人。」

徒弟又去了珠寶商那裡，他們竟然願意出五萬元買下石頭。

徒弟聽從師父的指示，表示不願意賣掉石頭，想不到那些商人竟繼續抬高價格，出到了十萬元，但徒弟依舊堅持不賣。商人說：「我願意出三十萬元，或者你要多少就多少，只要你肯賣！」徒弟覺得商人簡直瘋了，竟願意花大筆的錢買一塊毫不起眼的石頭。

徒弟回到禪寺，師父拿回石頭後對他說：「我之所以讓你這樣做，主要是想培養和訓煉你充分認識自我價值的能力和對事物的理解力。如果你生活在菜市場，那麼你只有那個市場的理解力，就永遠不會認識更高的價值。」

你選擇怎樣的人生舞臺，將決定你擁有怎樣的人生。一個人要獲得更大的發展，就要不斷地爲自己尋找更大、更高的舞臺。然而，這也成了很多人「不作爲」的藉口：當事業不成功的時候，便歸咎於「沒有舞臺」。

選舞臺之前，你得先認識自己。

是金子，當然要去黃金市場；倘若你只是一塊廉價的石頭，就是被拿到最厲害的黃金鑑賞專家眼前，你依然是一塊毫無價值可言的石頭，還不如拿到建材市場去，或許還能發揮自己最大的作用。

所以，選擇好的舞臺，不如選擇合適的舞臺！

大公司，還是小公司？

絕大多數人都希望進入一家大公司，因爲他們覺得大公司的培訓體系非常完善，可以幫助一個外行新手迅速成長爲老道的行家高手。

這個觀點沒有錯，但並不一定正確，大公司和小公司其實各有各的優點。大公司提供更多培訓資源，小公司則可學到更多經驗，孰優孰劣，不能一概而論，要因人而異、因時而異。

大公司先進的管理體系和企業文化能幫助新進職場的人開闊視野，知道什麼是最好的。還有一點也很重要，所謂「大樹底下好乘涼」，大企業的工作背景往往是一塊金字招牌，可以使你以後找工作的道路平坦許多。

但在大公司也有缺點，如果你不去換部門，那只能在一個工作上鑽研，其他方面很難接觸到，因爲大公司分工細，這樣就無法培養獨立的解決能力。而且，大企業裡人才濟濟，不可能一下子就出人頭地，往往要「熬」上幾年才可能有被提升的機會。

有些人十分執著於大公司，固執地認爲只有那些五百強的大企業才能給予自己想要的未來。這些人有兩種心態：一種是覺得自己很有能力，是條大魚，所以應該在「大池子」裡施展自己的才華；另一種是覺得自己不行，沒有足夠的能力，所以要以大公司的培訓作爲伸展臺，鍛煉自己的才能。

對於前一種心態的職場新人，提醒大家兩點：第一，大公司雖大，但屬於你的空間有限，很難想像一個大公司會讓剛畢業的菜鳥獨當一面；第二，池子大，裡面的魚也多，如果你泳技平平，將會在那些優秀同事的襯托下感受到巨大壓力。

相較大公司而言，小公司分工不那麼明確，容易將自己的才能展露在領導者面前，能學到全面的本領，爲以後自己創業打下基礎。此外，小公司人際關係相對簡單，更加人性化，並能參與見證公司的成長，工作起來有成就感，這是在大公司體驗不到的。

綜上所述，大公司和小公司各有各的優勢和劣勢，何去何從還得根據自身狀況而定。

國營企業、私人企業還是外商公司？

公家單位的穩定與長久，是許多人艷羨的工作，因而每年都有不知凡幾的新鮮人苦讀報考；而私人企業的活力與多樣性，更讓畢業生覺得彷彿找到了施展抱負的舞臺。而大型外企，往往薪資較高，環境更人性化，所以眾多求職者趨之若鶩。

究竟該選哪一種企業就業，的確是很難抉擇。

其實企業的優秀與否，不在於它的性質，而在於它的實力、潛力和文化。倘若你沒有充分認識自己，你就無法弄清楚到底怎樣的工作環境才是真正適合自己的。無論什麼樣的工作環境，都有各自的優缺點，如果你不清楚這些，最終難免會失望。

其實，真正的舞臺在於你自己。如果你只是塊石頭，哪怕到黃金市場，你也改變不了作爲一塊石頭的價值；但若你是塊真正的黃金，哪怕你深藏地底，也會有人千方百計地挖掘你、尋找你。

總之，處在大舞臺時，不要心高氣傲，以爲前途一馬平川；身處小舞臺時，也不要自怨自艾，感嘆懷才不遇。選舞臺，不如做自己；做好了自己，大舞臺自然會爲你鋪就。

9 與其被挖掘，不如選擇主動推銷自己

學過新聞的人大概都知道新聞標題的重要——在這個眼球經濟的時代，如果標題不能吸引觀眾的眼球，這條新聞就很有可能淹沒於大量的資訊當中；同樣的道理，在這個時代，我們面臨著更加殘酷的競爭，如果你依然抱著「酒香不怕巷子深」的思維模式，那你這罈芳醇的「酒」極有可能香不出自家的小院。因此，你得學會推銷自己。只有善於推銷自己，才能有更大的發光發熱的空間。

很多人常常感嘆自己懷才不遇、生不逢時，但爲何不從自己身上找原因呢？上一次面試，爲何主考官沒看上你？是你才能不夠，還是你沒能很好地將才能展示給主考官？人生無處不推銷，職場新人面臨的最大的推銷難題，莫過於在面試中推銷自己。試想，面試官與你無情無故，之前也不認識你、瞭解你，他憑什麼來認可

你？他憑的就是你給他的「第一印象」，憑的就是你在面試中對自己的「推銷」。

現代社會是一個推銷的社會，我們無時無刻不在推銷自己的想法、觀點、產品、服務、主張、感情等。按照西方推銷學者的說法，這個世界是一個需要推銷的世界，大家都是不同形式的推銷員，每個人都要推銷某種東西，不管你是否喜歡推銷。

俗話說：「會吵的孩子有糖吃。」會推銷自己的人才能擁有一個合適的舞臺來施展自己的抱負。你或許有一個偉大的夢想，並爲之製作了相應的計畫；你雄心勃勃地認爲自己的才能足以進入五百強大企業，但現實是，你到處面試，卻連個名不見經傳的小公司也不願意接納你。這一切，都可能是因爲你沒有好好推銷自己，事實上，面試者們更願意看到你在推銷自己過程中的另一面，比如你的口才，你的激情，你的態度，你的邏輯思維能力，你的應對能力……

初入社會的我們能做的，就是不斷地推銷自己，以期待迎來更多人的賞識，爲自己的事業開拓更多的管道。只要效法傑出人物的「推銷」風格，並且培養「業務員」熱情的精神，使自己成爲擁有思想、創意、信心及特色的「推銷員」，未來的世界必定是屬於你的。

第三章
機遇的選擇

社會經濟在不斷發展變化，無數的機遇蘊含在其中。你隨時都能遇到許多機會，就看你能不能去認識它、把握它了。

許多人在他們攀登頂峰的路途上往往會錯過很重要的一步，因為他們沒有把握住難得的機會——雖然機會就在他眼前。你應該及時把握機會，因為機會是不會第二次敲門的。

1 主動尋找「發光」的機遇

卡內基有這樣一段關於機會的話：

「不要以爲機會是一個到家來的客人，它在你門前敲著門，等待你開門把它迎接進來；恰恰相反，機會是不可捉摸的，無影無形，無聲無息，它有時潛伏在你的工作中，有時徘徊在無人的角落裡，你如果不用苦幹的精神努力去尋求、創造，也許永遠都得不到它。」

機遇帶有很大的隱蔽性與時效性。人人都能預見到的不能稱爲「機遇」，錯過時間的也不是「機遇」。「機不可失，時不再來」，說的就是這個道理。

一個成功的百萬富翁說：「看到機會並不會自動地轉化爲鈔票，其中還必須有其他因素。簡單地說，你必須能夠看到它，然後，你必須相信你能抓住它。」

大的機遇不可能天天遇上，但小的機遇卻常常出現在我們身邊。這些機遇既沒有太大的風險，又能爲展示你的才能提供機會，所以千萬不要錯過這些看似小的機遇。因爲，一個人再有才能，也還需要一個展示才華的舞臺。「是金子總會發光」，這話固然不錯，但是，如果你不去主動尋找「發光」的機遇，可能就會錯過出人頭地的時機，或許一生都將被埋沒。上帝恩賜我們的機遇都是平等的，誰抓住了機遇，誰就有希望獲得成功。

機遇不是很多，也不是很少，它總是同向或逆向地與我們擦肩而過，偶爾會在一瞬間閃爍一下。其實，我們每個人自出生就已經擁有了最大的機遇，你自己就是你最好的機遇。只要點亮自己的燈，不管外面是不是有可以借助的燈光，我們都可以把自己照亮。

機會需要耐心堅持

機會是一種稍縱即逝的東西，而且機會的產生也並非易事，因此不可能每個人什麼時候都有機會可抓。機會還沒有來臨時，最好的辦法就是等待、等待、再等待，在等待中為機會的到來做好準備。耐心等待機會，你就能在意想不到中獲得成功。

傳說，有兩個人偶然與酒仙邂逅，一起獲得了神仙傳授的釀酒之法：米要端陽那天飽滿起來的，水要冰雪初融時的高山流泉，把二者調和了，注入深幽無人處千年紫砂土鑄成的陶甕，再用初夏第一張看見朝陽的新荷覆緊，密閉七七四十九天，直到雞叫三遍後方可啟封。

就像每一個傳說裡的英雄一樣，他們歷盡千辛萬苦，找齊了所有的材料，把夢想一起調和密封，然後潛心等待那個時刻。這是多麼漫長的等待啊！

第四十九天到了，兩人整夜都不能寐，等著雞鳴的聲音。遠遠地，傳來了第一聲雞鳴；過了很久，依稀響起了第二聲；然而，該死的第三遍雞鳴遲遲沒有來。其中一個再也忍不住了，他打開了他的陶甕，迫不及待地嘗了一口：天哪！像醋一樣酸。大錯已經鑄成，不可挽回，他失望地把它灑在地上。

而另外一個，雖然也按捺不住想要伸手，卻還是咬著牙，堅持到了第三遍響亮的雞鳴。舀出來一抿，大叫一聲：多麼甘甜清醇的酒啊！

只差那麼一刻，「醋水」沒有變成佳釀。許多富人與窮人的區別往往不是機遇或是更聰明的頭腦，只在於前者多堅持了一刻——有時是一年，有時是一天，有時，僅僅只是幾分鐘。

主動創造你的機會

機會是現成的嗎？就像河塘裡的魚只等著你去捕撈？不，很多時候，你是看不到機會的，這裡需要的是你的主動性。你要自己動手，創造機會，哪怕這種可能性只有萬分之一。等待好機遇才做事的人，永遠不會成功。

一位經濟學專家站在講臺上，給自己的學生講述自己的親身經歷：

「我剛到美國讀書的時候，在大學裡經常有講座，每次都是請華爾街或跨國公司的高級人員講演。每次開講前，我周圍的同學總是拿一張硬紙，中間對折一下，讓它可以立著，然後用顏色很鮮豔的筆大大地寫上自己的名字，再放在桌前。這樣，講演者需要聽者回答問題時，他就可以直接看名字叫人。」

「我當時很不解，便問旁邊的同學，同學笑著告訴我，講演的人都是一流的人物，當你的回答令他滿意或吃驚時，很有可能就意味著他會給你提供很多機會。這是一個很簡單的道理。事實也是如此，我的確看到我周圍的幾個同學，因為出色的見解，最終得以到一流的公司任職。」

在人才輩出、競爭日趨激烈的時代，機會不一定會自動找到你，只有敢於表達自己、展示自己、主動爲自己創造機會，幸運之神才有可能眷顧你。

舉世著名的國際巨星席維斯・史特龍，在尚未成名前是一個貧困潦倒的窮小子，當時他身上只有一百美元，唯一的財產是一部老舊的金龜車，那是他睡覺的地方。

史特龍心目中有個夢想——想要成為電影明星。好萊塢總共有五百多家電影公司，史特龍逐一拜訪，卻沒有一家公司願意錄用他。面對五百多次冷酷的拒絕，他毫不灰心，回過頭來又從第一家開始，挨家挨戶自我推薦。第二次拜訪，五百多家電影公司當中，總共有多少家拒絕了他呢？答案是，仍然沒有人肯錄用他。

史特龍堅持自己的信念，將一千次以上的拒絕當作是絕佳的經驗，鼓舞自己又從第一家電影公司開始。這次，他不僅要爭取自己的演出機會，同時還帶了自己苦心撰寫的劇本。可是第三次的拜訪，好萊塢所有的公司還是拒絕了他。

史特龍先後總共經歷了一千八百五十五次嚴酷的拒絕，以及無數的冷嘲熱諷。天道酬勤，總算有一家公司願意採用他的劇本，並聘請他擔任自己劇本中的主角。就這樣，一次機會奠定了他國際巨星的地位。

有些人總希望天上掉下好運，眨眼之間變成富人。但事實上，只有一小部分機遇是靠僥倖得到的，更多的還是要靠自己的努力和實力去爭取，主動去創造出來。機遇是珍貴而稀缺的，又是極易消逝的，你對它怠慢、冷落、漫不經心，它也不會向你伸出熱情的手臂。主動出擊的人，容易俘獲機遇；守株待兔的人常與機遇無緣，這是普遍的法則。你若比一般人更主動、更熱情，機遇就會向你靠攏。

2 選擇急功近利還是深謀遠慮？

哲學家告訴我們，世間的任何一件事情都有它的不二法門。不論什麼時候，一切急功近利的思想與行爲都是一種短視，都是非常有害的。

財富也有它的不二法門，那就是一定要目光長遠，而不要只盯著眼前的一點點利益，要學會朝著目標不停地努力，這是謀財的唯一選擇，也是最好的選擇。實現你人生的最大價值，讓野心、理想和夢想變成伸手可及的現實，這才是人生最大的利益。

世上只有兩種人，用一個簡單的實驗就可以把他們區分開來：面對同樣的一袋馬鈴薯，一種人會先留下一部分用於播種，而另一種人則不管三七二十一先把它吃掉。這就是深謀遠慮和急功近利的差異。

不同的富人有著不同的奮鬥歷程，但在這奮鬥的歷程中，有一點是相通的，那就是他們在成功的路途上灑遍了汗水，經歷了漫長等待的煎熬。有很多窮人覺得這樣太辛苦，也太慢，渴望擁有更快捷的方法，走一條筆直不阻的捷徑，其結果往往走上一條路：急功近利。

以歷史的眼光來看，絕大多數的富人，他們的巨大財富都是由小錢經過長期的時間逐步累積起來的。一個想致富的「野心家」，必須首先從心理上摒棄那種「一夜致富」的幼稚想法和觀念。

一個窮人向一個富人請教成功之道，富人拿出三塊大小不等的西瓜放在窮人面前。

「如果每塊西瓜代表一定大小的利益，你選擇哪塊？」富人問窮人。

「當然是最大的那塊！」窮人毫不猶豫地回答。

「那好，請吧！」富人一笑，把最大的那塊西瓜遞給窮人，自己卻吃起了最小的那塊。很快，富人就吃完了，而窮人還差幾口也要吃完了。

不等窮人吃完，富人已經拿起了桌上的最後一塊西瓜，並且得意地在窮人面前晃了晃，大口大口地吃起來。

窮人馬上就明白了富人的意思：富人吃的瓜雖無自己的瓜大，卻比自己吃得多。如果每塊代表一定的利益，那麼富人占的利益自然比自己多。

吃完西瓜，富人抹抹嘴對窮人說：「要想成功，就要學會放棄，只有放棄眼前的利益，才能獲得長遠的大利，這就是我的成功之道。」

一些人之所以不能獲得大利，就是因爲他們總是選擇眼前的利益而放棄長遠利益，被眼前的利益所囚困，迷惑了雙眼，削磨了鬥志，沉溺在既得利益的溫柔鄉裡不思進取，喪失了謀財的銳氣與闖勁，徘徊在原地，既沒有創新，也不敢突破。

3 選擇等待他人提拔還是慢慢成長？

在大森林裡，生長著一種蘑菇，它們在艱難的條件下生活著。沒有人關注它們，所有成長所需的水分、養分和養料都需要自己去努力爭取。

它們從森林層層的枯葉腐敗形成的肥料中吸收養分，森林中降下的雨、殘留在樹葉上的水，成爲它們成長中必須的甘泉。這些蘑菇就這樣在無人注意的角落裡長大，一點點變得肥嫩。

我們剛剛踏入社會，沒什麼經驗，也沒什麼人脈，上面有看似紋絲不動的上司，下面還有野心勃勃的年輕人不斷湧上來，不也像這些蘑菇一樣嗎？

或許，慢慢等待能等來提拔自己的那個人，但是，那是什麼時候，一年之後還是十年之後？況且，等待他人的拯救遠沒有自救讓人來得心安理得。

如果還在發芽階段，那就不顧一切地吸收雨露、養分，像蘑菇一樣慢慢積蓄力量，衝出枯枝敗葉的包圍，迎來屬於自己的空間！

如果你只是一塊平淡無奇的石頭，就沒有權利抱怨不被注意，因為你沒有被注意的價值。要想引起注意，擁有自己的立場和聲音，你就要站起來去爲自己爭取。努力才能提升你的價值，成爲珍珠才能引人注目。

不要從一開始就希望「伯樂」們從人群中識別並提拔你這匹「千里馬」。看看你周圍那些做到經理、主管層的人，他們中的哪個是剛進公司就平步青雲的？很多時候，我們看到的只是成功者頭上耀眼的光環，卻忘記了他們身後灑下的一路汗水。

你沒有強大的金錢和權勢後盾，也沒有充分的人脈資源，有的，只是自己的青春、熱血和才智。你得像深林裡的蘑菇一樣，在枯枝敗葉中尋找養分，默默地吸收成長的力量。雖然在這個過程中，你可能要忍受寂寞、貧窮、苦難，甚至屈辱，但你得告訴自己，所有這一切只是因爲你還沒有具備讓他人賞識你的價值。埋頭苦幹，然後才能得到自己想要的輝煌。

4 選擇適應環境還是改變環境？

一隻貓頭鷹準備搬家到東方去。

斑鳩問牠：「西方是你的老家，你為什麼要搬到東方去呢？」

貓頭鷹回答說：「因為我在西方實在住不下去了，這裡的人都討厭我夜間的叫聲。」

斑鳩勸道：「你唱歌的聲音實在難聽，晚上更是影響人們的睡眠，所以大家都討厭你。要是你改變聲音或停止夜間歌唱，不是仍然可以在西方住下去嗎？不然的話，即使搬到東方，那裡的人也還是會討厭你。」

故事給我們深刻的啓示：改變環境不如適應環境，而且適應環境遠比改變環境要容易得多。

成功總是青睞那些認真工作、積極進取的人。如果成天一肚子牢騷委屈，自以爲大材小用，不僅沒有人同情，還可能會被環境所淘汰。

一個人要想有好的環境，必須先改善自己的「主觀環境」，戰勝自己的弱點和缺點。置身於不如意的環境中，不要無謂地埋怨，而要主動樂觀地創造條件，贏得轉機。

一般來說，職場中有兩種人——改變環境的人和適應環境的人。大多數人都是適應環境的人，就像堅韌的仙人掌，在多麼貧瘠的土地上都能夠生存；但還有那麼一些極少數的人，他們就像雨露一樣，慢慢地滲透土地，化貧瘠爲富饒。

有一個人總是落魄不得志，便有人建議他向智者尋求幫助。

智者沉思良久，默然舀起一瓢水，問：「這水是什麼形狀？」

這人搖頭：「水哪有什麼形狀？」

智者不答，只是把水倒入杯子，這人恍然大悟：「我知道了，水的形狀像杯子。」

智者搖頭，輕輕端起杯子，把水倒入一個盛滿沙土的盆，清清的水一下融入土中不見了。

這個人陷入了沉默與思索。過了很久，他說：「我知道了，社會處處像一個規則的容器，人應該像水一樣，盛進什麼容器就是什麼形狀。而且，人還極可能在容器中消逝，就像這水一樣，消逝得迅速、突然，一切都無法改變！」

「是這樣，」智者拈鬚，轉而又說：「又不是這樣！」說畢，智者出門，這人隨後。在屋簷下，智者用手指著青石板上的小窩說：「一到雨天，雨水就會從屋簷上落下，看這個凹處就是水落下的結果。」

此人大悟：「我明白了，人可能被裝入規則的容器，但又可以像這小小的水滴，改變著這堅硬的青石板。」

智者說：「對，這個窩會變成一個洞！」

生活中會有各種各樣的環境，要融入到環境中，但也要努力地展示自我，用自我的精神影響環境，就像石縫裡生長的松柏，一叢蒼翠，傲然挺立！

適應環境是人生來就有的潛能，人之所以爲人，也是長期進化的結果。

一位哲學家搭乘一個漁夫的小船過河。

行船之際，這位哲學家向漁夫問道：「你懂數學嗎？」

漁夫回答：「不懂。」

哲學家又問：「你懂物理嗎？」

漁夫回答：「不懂。」

哲學家再問：「你懂化學嗎？」

漁夫回答：「不懂。」

哲學家嘆道：「真遺憾！這樣你就等於失去了一半的生命。」

這時水面上刮起了一陣狂風，把小船給掀翻了，漁夫和哲學家都掉進了水裡。

漁夫向哲學家喊道：「先生，你會游泳嗎？」

哲學家回答：「不會。」

漁夫非常遺憾地說：「那麼你就失去了整個生命！」

一個人要在社會中生存和發展，就必須使自己的思想觀念、思維方式、知識能力以及生活方式、生活習慣等一切同社會環境相適應。一個人要在事業上有所作爲，離不開職業崗位提供的條件，離不開領導的支持和周圍人的幫助，而這一切的獲取是以適應爲前提條件的。

無論把你放在什麼地方、什麼崗位，你都必須儘快去適應環境、調節心情，把分內的工作盡職盡責地做到最好，才能證明你的能力！

工作中經常聽到人抱怨，說自己不被上司賞識，明明自己有做領導者的才能，卻老是被壓制；明明有能力做高難度的工作，卻被放在沒有技術含量的崗位上；

明明自己是把「牛刀」，卻用去「殺雞」；明明某某人不如自己，卻升職比自己快……

於是，他們變得思想消極，整天抱怨，不好好工作，職責內的事情做得一踏糊塗，甚至到最後名聲掃地，這是自己毀了自己，怨不得別人！你自己說自己有本事，那不算，你要幹出成績讓大家看；你說你屈才了，可連本職工作都做不好，領導又怎能放心讓你去做技術含量高的工作呢？一屋不掃，何以掃天下？

5 放棄的理由

每當年關將近，就是喜歡跳槽的「跳蚤」們蠢蠢欲動的時候，一來該拿的年終獎已經進了荷包；二來做完了年終總結，可以重新思考工作的定位與個人的人生理想的矛盾；三來所在的公司也正是「吐故納新」之際，也許會被人請開路，那還不如先下手為強。

可是在跳槽之前，你能說出你放棄的理由嗎？說得出，你不妨選擇瀟灑地離去；若說不出，那就證明你其實並沒有做好離開的準備。

如果將跳槽比喻成一個運動項目，那麼它是像跳高還是像跳遠呢？其實無論是跳高還是跳遠，你都不知道你這一跳之後，是比過去好，還是比過去更差。雖然跳槽存在風險，但誘惑更是難以抗拒，於是跳槽成爲時尚。

辭職也是一門學問，不僅要選擇恰當的時機，還需要用恰當的方式，將辭職的原因委婉解釋清楚，並提出離開的日期，還要對老闆和公司的幫助及得到的機會表示感謝。

另外，切記不能拿走公司的任何資料和用品。

6 做全才還是做專才？

兩個中文系的同窗在畢業八年後不期而遇。一個已經是跨國公司的總監，年薪百萬；另一個還在出版社當編輯，一個月三萬出頭。

然而，八年前的情形卻迴然相異：編輯當時可是系裡的頭號才子，寫得一手好詩，自編自導話劇，文章引經據典，邏輯縝密，文采飛揚，常常令授課的教師刮目相看；相比之下，總監當年就要遜色得多。

「我是三流的知識分子，二流的市場創意人才，卻是一流的打工仔。」這是市場總監對自己的評價。這話套在出版社編輯身上，就成了「一流的知識分子，二流的書刊編輯，三流的打工仔」。

很多才高八斗、心高氣傲的人有這樣的牢騷：爲什麼一個文理不通的人可以做他的上司？自命爲知識分子的人甚至還爲這樣的職場全才取了一個名字——「知道分子」。

可惜，對公司來說，一個不認得生僻字卻能事無巨細都做得讓大家認可的人，比滿腹經綸卻不善於做瑣碎小事的人更受歡迎。

詩寫得再好，學問再大，公司不願意爲此埋單，你又能怎樣呢？想明白的人，就不會再失衡，不管是三流的詩人還是三流的打工仔。

想不通的人，一定還陷在痛苦中。比如那位出版社的才子編輯，八年來，工作

以外的時間全部用來感嘆自己的懷才不遇，這樣沉痛的「追悼儀式」於事無補。

人應注重全才還是注重專才不可一概而論，持肯定或者否定觀點都是錯誤的。所謂的全才或者專才，跟人所在的行業、身在的地位、所處的環境有一定的關係，不可能離開先決條件高談闊論。

如果你是一個研究員，那當然要有專才，對你研究的專業應該精益求精，並且要有突破，取得新的研究成果；

如果你是一個企業的老總，那肯定要有全才，你不但要瞭解企業主要生產專業的知識，還要瞭解財務、經濟等方面的內容，但不要求出成果，只要能靈活運用即可；

如果你是一名部門的經理，那就很難界定了，要看領導欣賞什麼樣的下屬，你可以是專才，也可以是全才；至於政府部門一般都要求是全才，不但要有一定的專業知識，還必須瞭解與自己相關的其他知識，而且要會處理好各種關係；科研單位一般都需要專才，領導也是一樣，這樣才可以帶動大家。

7 四個訣竅幫你選擇老闆

中醫在為患者治病時講究望、聞、問、切。在選擇和觀察老闆的問題上，用這「四字法則」亦有著異曲同工之「妙」。

望——看問題

看老闆對待他親人的態度怎樣。如果他對自己親人都無情無義，那麼這樣的老闆看都別看，一個連自己的家庭關係都不能妥善處理的老闆，跟著他也只能成為一塊墊腳石。只有有情有義的人，才是可以「託付終身」的。

再者就是看他對待下屬的態度。一個老闆對待其下屬的態度直接反映了他對待事業的態度。員工是他事業發展下去的基礎，所謂「水能載舟，亦能覆舟」，老闆對他屬下的員工是否重視，是影響到整個團隊能否凝聚成一體的重要因素。

望，是選擇的第一關「眼關」。要做一個好員工，首先要善於觀察，通過細節判斷，從而得出一些結論來。當然，這也是一個主觀臆斷的過程。此外，我們還觀察企業的組織結構、人員特點、文化氛圍等，以便做到心裡有數。

聞——聽結論

聽，就要聽聽以前的部下怎麼說。「端老闆的碗服老闆的管」，在老闆手下，當然會有許多話敢怒不敢言，但是一個已經離開的舊部下說的話就要真實很多。所以，在投身老闆麾下之前，不妨瞭解舊部下對其的看法，然後辨別真偽。

此外，不妨也聽聽小客戶的評論。老闆對大客戶自然是殷勤有禮，如果對待自己的小客戶仍然是服務周到，這樣的老闆一定值得追隨。

聽，即是選擇的第二關「耳關」。身在職場，有時「聞」絕對要比「說」來得管用。不妨做一個聰明的傾聽者，你會得到很多真誠的心，獲取很多意外而及時的資訊。

問——找內因

問，也是選擇的第三關「嘴關」。直接跟老闆去面對面，與他進行交談，瞭解一個人的最好方式，莫過於跟他單獨在一起。你可以向他提問或者就是平素的閒聊，通過與他交談，你會瞭解到這個人外表上看不出的東西，會挖掘到他內在的那些元素。一個老闆將來是否成功，多半源自他的內因，瞭解到了這一點，你的答案就基本敲定了。

「問」是一個客觀判斷的過程。通過雙方的交流，最主要的目的就是達成共識，確保員工能得到高層的認可，而老闆也能得到員工的認同。這也可以說是找到雙方的資訊對稱點，增加彼此的信任。

切——作判斷

切，是選擇的最後階段，也是最後一關「心關」。這是一個總覽全域的過程，前面望、聞、問所獲的資訊、線索、資料等就如「百川歸海」一般，最後都將彙集於此，等待被有效地利用、分解、組合、搭配，最後形成「CPU」發揮作用。

在選擇適合你的老闆的過程中，正確、靈活地運用「望」、「聞」、「問」、「切」的方法，會使你的眼光更加獨到，讓你避免因「看錯人、跟錯人」造成經濟和精神上的巨大損失。

老闆的類型

世界上沒有兩片完全相同的葉子，也不會有兩個完全相同的老闆。在職場這個

大樹林裡，老闆們往往「各具千秋」，每一個老闆都有自己獨特的個性，如果職場中你能夠讀懂老闆的個性，那麼與之相處的時候就會輕鬆容易得多。

我們把平常最常見的老闆分爲八大類：

◎**孔子型**

孔子被世人稱爲「聖人」，除了自己的先天先覺外，還因爲他教育了大批超一流的學生。孔子不問出身，不論地位，因材施教，鼓勵創新，對人才不拘一格，而且知人善任，用人不疑，是至聖至明之人。在這樣的老闆手下做事，是可遇而不可求的。所以，不要再想什麼投機取巧、歪門邪道了，這樣的老闆是虧不了你的，有勁你就趕緊使出來吧。

◎**趙匡胤型**

「疑人用，用人疑」，大事要你衝鋒，小事靠你斷後，出事叫你「墊背」，你是他手中隨時可以揮出的一張王牌。表面對你親密無間，但內心拒你千里之外，派你幹活時還會派人監督，限制你，而在你勞苦功高之後又會來一招「杯酒釋兵權」，給你一個虛職讓你在公司養老。所謂「飛鳥盡，良弓藏」，是這類人常玩的把戲。

◎高俅型

從外到裡壞透了的陰險傢伙，多散見於建築老闆、仲介公司或貿易公司中。進了他的公司就像進了黑店，人身自由得不到保障，隨便找個藉口就扣你押金、工資，其心之黑不可名狀。你要做的就是趕緊「閃人」，片刻都不要停留。

◎李林甫型

口蜜腹劍、笑裡藏刀的「典型人物」。往往表面對你既尊重又客氣，背後卻想著如何在事成之後儘快除了你，一個子也不付給你。這樣的老闆也比較常見，你要做的就是「防人之心不可無」，多長個心眼，必要時要用法律武器維護自己的合法權益。

◎張飛型

敢作敢爲，風風火火，有一股拼勁，加起班來不要命，工作幹不好他會當面賞你耳光，但這類老闆說了之後不會往心裡去，爲人豪爽，分起錢來也很大方。跟著他幹絕不能做縮頭烏龜，宜多與老闆衝鋒陷陣，少耍心機，否則老闆會不講情，一斧子給你來個五馬分屍。

◎**唐明皇型**

不愛江山愛美人，烽火臺上戲諸侯，重色輕友，你肝腦塗地地爲公司忙碌，卻抵不過美人背後的「嫣然一笑」。「美人一笑，權力就到」，得了權的「美人」會反過來指揮你，氣死你不償命！經驗證明，這些紮堆在女人堆裡爭風吃醋、緋聞纏身的花心老闆往往靠不住，由於心思不放在正事上，最終公司也會葬送在這些女人之手。跟著這樣的老闆註定沒有出路，走爲上策。

◎**光緒型**

這類老闆軟弱無能，下屬員工倚權自重，管理失控，有聯合起來「逼宮」的危險，處於漩渦中的你可要選好了：是當譚嗣同，還是當袁世凱。幼主扶正，你自然勞苦功高重重有賞；著力不慎，則打虎傷身，淪爲階下囚被掃地出門，所以要千萬慎重。

◎**劉備型**

天生善於僞裝自己，極其善於作秀，一見面就做出一副伯樂狀。相見恨晚、家長里短、噓寒問暖、稱兄道弟、勾肩搭背是他們的拿手好戲，瞬間令你大有知遇之恩、人生知己的感覺。他們會給你許下一萬個諾言，讓你感到前途似錦。「既要驢子跑，又要驢兒不吃草」，是這種老闆玩的最佳境界。最可惡的是，他待你越是無情，你越覺得他內外有別，拿你不當外人，反而對他越是忠心耿耿；當他開你時，你認為他是明白事理、顧全大局；甚至要你性命時，你也覺得他是忍痛割愛、大義滅親。

總之，無論你的老闆屬於其中的哪一類，你都要對他的個性慢慢體會和思考。領會到你老闆的個性，然後「對症抓藥」，就能起到「藥到病除」的妙用。

8 選你所愛，愛你所選

只有做自己感興趣的工作，才能夠有所進步，並達到事業的巔峰。無論做什麼，都要從自己的興趣入手，才能讓自己做得出類拔萃。

愛因斯坦說過：「熱愛是最好的老師。」心理學家所提供的事實和資料也表明：有成就的人所選擇的都是他們衷心熱愛的職業，他們首先追求的是使自己滿意，而不是著眼於外部的東西，如提級、加薪、掌權之類，因此這些人也理所當然地獲得了更多物質和精神上的財富。因爲熱愛自己所幹的一切，工作就會越幹越好，報酬也就相應地越來越多。這種對自己職業的熱愛，減少了來自社會環境的一大障礙。

教師熱愛教書，畫家熱愛畫畫，這就是「投入」的魔力。當然，投入也不是萬能的。如果是一個在音樂方面毫無天賦的人，無論他怎麼投入，怎麼努力，始終都不能成爲一名音樂家；反過來，一個人已經具備一定的天賦，並朝著自己既定的方向努力，傾注非凡的投入，他就一定會是一位成大事者，獲得物質和精神的雙豐收。

當傑拉德斯・圖夫特還是一個八歲的小男孩時，一位教師問他：「你長大之後想成為怎樣的人？」

他回答：「我想成為一個無所不知的人，想探索自然界所有的奧秘。」

圖夫特的父親是一位工程師，因此想讓他也成為一名工程師，但是他沒有聽從。「因為我的父親關注的事情是別人已經發明的東西，而我很想有自己的發現，創作出自己的發明。我想瞭解這個世界運作的道理。」

正是本著這樣的渴求，當其他孩子正在玩玩具或者看電視機時，小小的圖夫特卻在燈前徹夜讀書。「我對於一知半解從來不滿足，試圖想知道事物的所有真相。」他很認真地說。後來，他獲得了諾貝爾物理學獎。

圖夫特告誡人們：最重要的是你要決定走什麼樣的道路。你可以成為一名科學家，可以去做醫生，但是一定要選擇你喜歡的道路。世界上沒有完全相同的兩個人，這就是人類能夠取得各種各樣成就的原因。沒有必要去強迫一個人做他不感興趣的工作。保持自己的特長，讓自己前行的道路能夠順應自己固有的特質延伸，對於我們每個人的成長都至關重要。

人生本來就需要做選擇，但是一定要做「對」的選擇，秘訣就是「擇你所愛，愛你所擇」。

在選擇將來自己要從事的職業和領域上，最明智的莫過於被譽為「日本的比爾・蓋茨」的日本軟體銀行的董事長孫正義了。

在美國讀完大學後，孫正義回到日本，成立了Unison World股份有限公司。

孫正義成立這家公司的目的，是想透過它來確定自己未來的事業是什麼，為此，他必須進行社會調查，而他深知進行社會調查只憑藉個人的力量是根本沒有辦法完成的，所以他成立了這家公司。

通過拜訪各式各樣的人和閱讀各式各樣的書籍，孫正義列出了總共四十項自己想要從事的行業。針對這些行業，孫正義進行了一連串的市場調查，並將結果與檢查項目表對照，判斷這些是不是適合自己投入一生的事業。

孫正義針對這四十項事業，分別編出了十年的預估損益平衡表、資產負債表、資金周轉表以及組織圖，還依照不同的時間順序編制了不同的組織圖。如果將孫正義進行調查的資料書面檔集中起來，每摞大約有三四十釐米高，全部加到一起足足有十米高。

這項工作花去了孫正義將近一年的時間。經過很長時間的思考後，孫正義最後選擇了從事軟體的流通事業。

他曾經這樣說過：「我不願意用情性或者是偶然的因素決定自己的命運和人生方向，一定要在個人有了充分瞭解的基礎上，決定自己未來的人生大道。當然，一旦擬訂自己的人生計畫，我就會立即去付諸實施……」

莎士比亞曾說：「對自己要真實，如此，你就可以永遠呈現出最美的面孔。」這就是說，你只有做自己感興趣的工作，才能夠有所進步，並達到事業的巔峰。我們從一些成功人士的身上細細觀察，就會發現他們的事業和自己的興趣總是緊緊聯繫在一起。正是因為這一點，他們總能對工作懷著無限的熱情和喜愛，並全力以赴地為之奮鬥和付出。朗費羅說：「成功的奧秘沒有別的，只不過是從事自己所愛的工作罷了。不論做什麼，都要從自己的興趣入手，才會讓自己做得出類拔萃。」

假使你不喜歡一份工作，只是為了「錢」而不得不與之為伍，十年、二十年之後，有一天，你可能會猛然發覺，自己的人生竟然如此貧乏，耗盡半生光陰卻沒有做過一件令自己快樂的事。如果你選擇自己喜歡的事去做，即使賺錢不多，卻也樂此不疲，而且，由於堅持所愛，不僅讓你徹底發揮了才能，甚至終能闖出一番不凡的局面。

做選擇是一件很難的事，不會有人告訴你如何選擇好壞、對錯，唯一的衡量標準就是，一旦做起來感覺興味盎然，那就對了！不要遲疑，趕緊去找一份讓你充滿幹勁的事來做，如果你願意爲了這件事每天迫不及待地全力投入，那麼，你離美夢成真就不遠了！

第四章
要選致富一生的財商

財富很重要，但比財富更重要的，是財商。

聰明才智可以創造財富，優秀的技巧可以收集財富。只要成為一個能夠吸引財富的人，財富就會從四面八方向你聚集。

1 選擇好點子

沒有商機，就不會有交易活動。商機轉化爲財富，必須滿足五個「合適」：合適的產品或服務、合適的客戶、合適的價格、合適的時間和地點、合適的管道。之所以有的人能夠成爲好商人，就是因爲找到了這些合適的好點子。

六十多歲的沃爾遜從政府部門退休後，便迷上了電視臺播放的自然節目。有一天，電視播出了一個關於月球探秘的紀錄片，主持人手拿月球地圖，一邊向觀眾講解，一邊翻動著圖片。沃爾遜先生心想：「這樣看月球的平面圖實在太費勁，也不夠直觀。月球和地球一樣都是圓的，既然能製成地球儀，那麼為何不能製月球儀呢？」

沃爾遜先生抓住這瞬間產生的靈感，決定把退休後的精力全部放在月球儀的開發上。

一九六九年三月，第一批精美的月球儀製作好後，沃爾遜先生親自寫了廣告詞，並在電視上播出。結果，正如他所預料的那樣，世界各地的訂單如雪片飄來。

之後，沃爾遜先生每年都可得到一千四百多萬英鎊的生意。他又先後開發了火星儀、金星儀、土星儀和木星儀等系列產品，使家庭工廠逐步成為世界性的大企業。

再來看一個日本理髮店的故事。

在日本東京有一家名為「新都」的理髮店，每日顧客盈門，生意興隆。這家理髮店是靠什麼招數來吸引顧客的呢？有好奇的人前去打探，發現其生意興隆是靠「出租」女秘書。這個新穎的創意源於發生在理髮店裡的一個小故事。

那是一個大雨滂沱的日子，一位顧客到店裡理髮，理到一半時手機響了——老闆讓他立即將一份擬好的合約列印出來，送到客戶的公司。這下可把那位顧客急壞了，望著窗外的大雨和鏡子裡剛理了一半的頭髮，進退兩難。

思考再三，他最後還是放棄了理髮，冒著大雨去列印合約，結果在客戶面前顯得很狼狽，自己也一整天心情不好。此事雖被人們當成了笑話，卻提醒了理髮店的老闆，於是，一個新的服務項目很快就在新都理髮店誕生了。

經過策劃，該店雇了一位辦理貿易手續的專家、一位日文打字員、一位英文打字員、一位英文翻譯和兩位辦理文件的女秘書。如果顧客是帶文件來的，在理髮時，女秘書就會幫你整理文件；如果顧客需要列印檔案，就可以在理髮店裡完成；如果顧客需要辦理貿易方面的手續，店裡的專家可以為他服務。所以，顧客在等候或理髮的時候也和在辦公室裡一樣可以辦公。

此項服務的推出，一下子吸引了那些工作繁忙的顧客，使他們覺得來理髮不僅是一個很好的放鬆機會，而且還可以及時處理手上的工作，真是一舉兩得。而新都理髮店也依靠這個特色服務，使自己的年營業額成倍增加。

同樣是一個日本商人的故事，其中也折射出了商人的精明與視角的敏銳。

「越能利用有利用價值的東西就越能賺錢。」這是日本最大帳篷商、太陽工業公司董事長能村先生的經營之道，而他也正是在這一理念的引導下，利用大樓的外牆賺了大錢。

能村先生想在東京建一座新的銷售大廈。善於動腦筋的他心想，在寸土寸金的東京只建一座大廈，不僅一時難以收回成本，而且大廈的每日消耗也是一筆不小的開支。怎樣才能做到既建了大廈，又可以借此開拓新的市場呢？

有了這樣想法的能村先生開始關注生活裡的一些熱門話題。當時，攀岩正在日本興起，且大有蓬勃發展之勢，這令能村先生產生靈感：「何不建一座都市懸崖，滿足那些都市年輕人的愛好？」

經過調查，能村先生邀請了幾位建築師反覆研討，決定把十層高的銷售大廈的外牆加一點花樣，建成一座懸崖絕壁，作為攀登懸崖的練習場。

半年後，一座植有許多花木青草的懸崖昂然矗立在東京市區內，年輕人與高采烈地聚集在此處，紛紛過了一把攀岩癮。

在市區出現在深山峻嶺才能看到的風景，這一下子吸引了人們的目光，每日來此觀光的市民不計其數。而一些外地的攀岩愛好者聞訊後，也不辭辛苦到東京一顯身手。

接著，能村先生又恰到好處地把握了這種轟動效應，在公司的隔壁開了一家專營登山用品的商店。很快，該店便因貨品齊全，佔據了登山用品市場的榜首地位。

人們都想找到商機，但商機就像刻意要跟你捉迷藏一樣，總是捉摸不定。如果把商機當作有明確目標活動的副產品來看待，你就會發現，商機總是「踏破鐵鞋無覓處，得來全不費功夫」。商機是可遇而不可求的，是永不重複的偶然，這就需要我們多用心去留意身邊的每一件小事、每一次偶然。用心才能發現寶。

2 用積極的心態去面對

很多沒有膽量入商場的人，他們不怕別人痛打，不怕槍彈襲擊，只怕別人的嘴臉。別人的嘴臉真的恐怖嗎？並不。他們怕的東西，來自於自己的內心。

每個人的一生都會遇到這樣或那樣的事，總會有更多的挑戰等待你去迎接。一種積極的人生態度，能讓你學會將所有的不利條件轉化為有利條件，從而克服所有困難，使人生之船順利地駛向自己想去的地方；而那些對凡事都抱著消極態度的人，遇到困難或挫折時就會怨天尤人，有的人還把不得志的原因歸咎於自己很「倒楣」。

真的是因為他們很倒楣嗎？當然不是！所謂的「倒楣」，其實是來自於他們的心情和想法。當你覺得自己很倒楣時，你就不會主動去追求一些好的事情，自然會真的變得很倒楣；而當你覺得自己很幸運時，就會覺得自己生活中的每一天都充滿陽光，每一天都很快樂，也就會越來越幸運。實際上，當你面臨失業、病痛等困難時，還有一些人遭受著更大的苦難甚至死亡。和死亡相比，還有什麼更可怕的呢？

眾所周知，創業之路是艱辛而痛苦的。如今的很多大富豪和成功人士，看似個個聲名顯赫、名利雙收，生活得非常愜意，但是回顧他們白手起家的歷史，無不是經歷了無數挫折，遭受過無數創傷之後才最終登上成功的巔峰的。

希臘船王歐納西斯最初只是一個兩手空空、一窮二白的難民，卻在短短幾十年裡一躍成為世界上最大的富豪之一，擁有數十億美元的家產和奧尼亞海上的整個科爾比奧斯島，並且開辦了多家造船廠，經營著一百多家公司。

歐納西斯十六歲時隨著難民潮來到希臘，卻找不到工作，只好四處流浪，最後來到南美阿根廷的布宜諾斯艾莉斯，成了一個電話公司的焊工。為了多掙點錢，他非常賣力，有時甚至通宵達旦地加班。

年輕的歐納西斯一直有一個夢想，那就是成為一位成功的企業家，並且他堅信自己有這個能力。為此，他努力奮鬥，不斷朝著自己的目標前進。

幾年後，他有了一筆非常可觀的積蓄。他發現，在南美經營煙草最為合適，因為那裡有得天獨厚的市場和貨源，而且投資和風險都不大，於是，他很快就開始了煙草生意。

事實證明，歐納西斯的確具備企業家的潛力。在他的苦心經營下，煙草生意逐漸風生水起。並且，他在廿四歲時被任命為駐布宜諾斯艾莉斯的總領事，這使他經常能接觸到船隻，而這些船勾起了他兒時對大海的嚮往，他覺得自己能幹點什麼。

出人意料的是，一九二九年爆發了金融危機，使得一九三一年的海運量只有一九二八年的三成。面對這場前所未見的大災難，很多海運公司不得不將船隻廉價出售。

歐納西斯經過冷靜的分析後，認為這場危機只是一時的，而一旦危機消失，經濟很快就會復蘇，海上貿易也會重新繁榮。因此，他傾盡所有積蓄，用十二萬美元買下了價值兩百萬美元的六艘貨輪。

當時，經濟危機不僅沒有停止，反而愈演愈烈，很多人認為歐納西斯是在自尋死路。但歐納西斯絲毫不為所動，他深信自己是正確的，一定會賺大錢。

果然，不久，「二戰」爆發了，這為海上運輸蓬勃發展提供了土壤，歐納西斯的六艘貨輪在一夜之間從一堆廢鐵變成了搖錢樹。到「二戰」結束時，他已經成了腰纏萬貫的一代船王。

「二戰」結束後，船主們再次陷入了巨大的恐慌之中，大戰留下的隱患勢必會再次引發更大的經濟危機。但歐納西斯還是沉著冷靜，他預見到「二戰」後，經濟一定會進入一個飛速發展的時期，而經濟的突飛猛進，必然會刺激能源工業，尤其是石油工業的發展。

於是，歐納西斯果斷地大力投資石油運輸，並成功地與沙烏地阿拉伯國王簽訂「吉達協定」，成立了沙烏地阿拉伯油田開採船海尼有限公司。這樣，歐納西斯順利地擁有了油田開採的石油運輸壟斷權，這為他帶來了源源不斷的財富，並最終奠定了他的成功之路。

創造財富是一件很困難的事情，只有那些不畏艱苦、堅定不移地追求自己夢想的人，才能最終實現自己的目標。

人，在很多時候都是在自己嚇唬自己。這個世界上，最強大的恐怖分子不是別人，也不是所謂的困難或挫折，而是自己。同樣的道理，這個世界上最偉大的力量，不是來自於別人，而是來自於自己。

所以，做好選擇，最終會形成不同的人生之路。強者或弱者，成功者或失敗者，往往只在一念之間。無論遇到什麼困難，只要你保持一顆堅定的心，用積極的心態去面對，拋棄自己的懦弱和悲觀，就一定能走向成功。

3 為自己的財富選擇一個正確的目標

眾所周知，在蓋房子之前，人們必須清楚地知道自己需要什麼樣的房子，再根據自己的需要去買材料。腦子裡房子的樣子越清晰、越具體，建造出來的房子就越接近自己的目標。同樣的道理，在構建自己的人生大廈前，也必須對自己的目標有一個清晰的認識。這是窮人變身爲富人的必要條件。

一個明確的目標，能促進一個人的成功。每一個成功的人，都有自己很明確的目標，他們會把自己的每一天，甚至每一個小時都進行仔細的規劃，對成功的強烈渴望使他們不虛度一分一秒。而很多人之所以失敗，很多時候並不是因爲他們能力不夠，而恰恰是因爲他們沒有明確的目標。

美國耶魯大學曾作過這樣一個調查：學校的研究人員對參加調查的學生提出了一個問題：「你們都有自己的目標嗎？」

結果，接受調查的百分之九十的學生都回答：「有。」

接著，研究人員又問：「如果你們有了目標，會不會把它寫下來？」

這一次，只有百分之四的學生的答案是肯定的。

二十年後，耶魯大學的研究人員跟蹤調查了當年接受調查的學生，發現那些有目標並且把自己的目標寫下來的學生，無論是在事業發展還是在生活水準方面，都遠遠超過沒有這樣做的學生。而且，這些目標明確的學生創造出的社會價值竟然是那些沒有這樣做的學生的總和。研究人員還發現，其餘的百分之九十六的人都在間接或直接地幫助那百分之四的人實現他們的目標。

如果你是窮人，請給自己制定一個明確的致富目標，那能讓你與富人的目標更接近；如果你是富人，請給自己制定一個明確的致富目標，那能讓你從眾多的富人中脫穎而出，由「小富」變成「大富」。記住：目標總是很美好的，但它從來不會主動向你靠近，只有那些努力付出的人，才能看見目標的「廬山真面目」。

4「選擇」成為世界首富

富豪洛克菲勒曾說過：「錢最重要的功能，是可以爲未來提供一定程度的力量和安全感。」因此，賺錢不僅僅是一種謀生手段，它還承擔著人們的希望與恐懼、理想與價值觀，因而上升爲一種社會和心理的概念。

貧窮這種病，雖然與缺乏理財知識和技巧有關，但是錯誤的觀念、心態和思維方式，才是阻礙人們去實施正確的理財方式的根本原因。因此，貧困主要是「心病」，其病根在於心。

簡要來說，貧窮這種「心病」，首先是在內心深處沒有追求財富的強烈願望。

因爲你無心致富，所以就無心去抓住致富的機遇，也不會去學習致富的知識和技能。人和人之間的致富能力差距其實很小，關鍵是看你有沒有「用心」。「用心」之人善於抓住致富機遇，而機遇就像一個「放大鏡」，它把人與人之間的財富差距拉寬放大了。

因此，改變貧窮首先得改變「心態」，因爲心態控制著一個人的思想與行動。無心致富，自然不會有致富的行動，當然也就沒有財富可言了。

有些人總把一件事情想得過於複雜，自設的障礙會使你將地面上的石頭看成小山，導致你縮手縮腳、裹足不前。他們首先是被想像中的困難給絆住了，然後便哀嘆客觀條件的不足，最終連試一下的勇氣都沒有。

「不可能」只是我們逃避困難的藉口，即使是在「山重水複」之時，只要搬掉心頭「不可能」這塊巨石，咬緊牙關堅持下去，就可能迎來「柳暗花明」。只要你敢想敢做，所有的不可能都會成爲可能。

其實，很多事情看起來很難，真正做起來卻未必如此。事情的假象擋住了你的視線，使你難以透視其本質。這種情況下，需要的就是實踐和嘗試。

將不可能變爲可能的例子比比皆是，湯姆•鄧普生就是其中一個。

湯姆·鄧普生下來的時候，只有半隻腳和一隻畸形的右手。父母為了不讓他因為自己的殘疾而感到不安，只要是其他男孩能做的事，便要求他也能做。例如，童子軍團行軍十英里，湯姆也同樣走完了十英里。

後來，他踢橄欖球，發現自己能把球踢得比任何在一起玩的男孩子遠。為了參加踢球測驗，他請人為自己專門設計了一隻鞋子，還幸運地得到了衝鋒隊的一份合約。但是教練婉轉地告訴他，「你不具有做職業橄欖球員的條件」，請他去試試其他的職業。

最後，他申請加入新奧爾良聖徒球隊，並且求球隊教練給他一次機會。教練雖然心存懷疑，但是看到這個男孩這麼自信，對他有了好感，因此就收了他。

兩個星期後，聖徒隊與雄馬隊舉行友誼賽，球場上坐滿六萬六千名球迷。比賽進入到尾聲，雙方比分為十七比十七，當時球在廿八碼線上，離比賽結束只剩幾秒鐘，球隊把球推進到了四十五碼線上，但是沒有時間了。

「鄧普生，進場踢球！」教練大聲說。

當鄧普生進場的時候，他知道他的隊距離得分線有五十五碼遠，是由對方

的隊員踢出來的。

球傳接得很好，鄧普生一腳全力踢在球上，球筆直地前進。但是踢得夠遠嗎？六萬六千名球迷屏住氣觀看，球在球門橫桿之上幾英寸的地方越過，終端得分線上的裁判舉起了雙手，鄧普生的球隊以十九比十七獲勝。球迷狂呼亂叫，為踢得最遠的一球而興奮，這是只有半隻腳和一隻畸形手的球員踢出來的！

告訴自己你能做什麼，而不是你不能做什麼。永遠不要消極地認定什麼事情是不可能的，首先你要認爲你能，再去嘗試、再嘗試，最後你會發現你確實能。

其次，貧窮這種心病，根源在於一種害怕「改變」的恐懼，心裡沒有勇氣去改變貧窮的現狀。

一個在工廠上班的工人，儘管每個月賺的錢不夠開銷，一個在單位上班的人，儘管每月的薪水不夠養活全家，但要是讓工人改變現狀，辭掉工作去創業賺錢，或是讓上班的人放棄安逸的工作下海經商，他們大都不願意，因爲他們害怕改變現有的生活和工作狀態，他們恐懼改變現狀。

但改變能給人新生，改變能讓人超越自我，獲得更大的財富。

自有文字記載以來，冒險總是和人類緊緊相連。雖然火山噴發時所產生的大量火山灰掩埋了整個城鎮，雖然肆虐的洪水沖走了房屋和財產，但人們仍然願意回去重建家園，繼續生活。颶風、地震、颱風、泥石流等自然災害都無法阻止人類一次又一次勇敢地面對可能重建的危險。

當我們橫穿馬路的時候，實際上總是有被車撞到的危險；當我們在海裡游泳的時候，也同樣有被捲入逆流或激浪的危險。儘管統計數字表明，坐飛機比乘汽車要安全一些，但我們的每一次飛行仍然包含著冒險。總之，任何地方的旅行都潛藏著冒險，小到丟失自己的行李，大到作爲人質，被劫持到世界上某個偏僻的角落。

事實上，我們總是處於這樣那樣的冒險境地，因爲我們別無選擇。我們必須橫穿馬路才能走到另一邊去；我們也必須依靠汽車、飛機或輪船之類的交通工具，才能從一個地方到達另一個地方。

「千萬要小心謹慎從事」，許多人都是在這樣一種敦促、提醒、告誡的語言環境中一點點長大成熟的。正因爲周圍環境時時刻刻存在著這樣的善意提醒，使得一

般人很難掙脫原有束縛，去冒一次險。

許多人從不考慮當一個爲自己打工的業主，因爲那「太冒風險了」。接受大公司的職位是他們所有人的選擇，似乎其中不存在某天被解雇的風險。許多人一心只想著「幹活——拿工資——花錢」，要公司「關心」他們的生活，這就是理想的低風險工作。但是，他們錯誤地估計了這門職業，有朝一日，大多數人會從他們的職位上消失掉。

我們每天都可能面臨改變，新的產品和新的服務不斷上市，新科技不斷被引進，新的任務被交付，新的同事，新的老闆……這些改變，也許微小，也許劇烈，但每一次的改變，都需要我們調整心情，重新適應。

改變，意味著對某些舊習慣和老狀態的挑戰，如果你緊守著過去的行爲和思考模式，並且相信「我就是這個樣子」，那麼，嘗試新事物就會威脅到你的安全感。

如果你根本沒有仔細想過去冒險，那你就只能待在原地，安於現狀，既不能後退，也無法前進，你的日子很可能過得呆板、懶散。

有成爲成功者的欲望，卻不敢冒險，這樣怎麼能夠實現偉大的目標呢？冒險與收穫常常是結伴而行的。風險和利潤的大小是成正比的，巨大的風險能帶來巨大的效益。險中有夷，危中有利。要想有卓越的成果，就要敢冒風險。

劃時代的探險行爲不是時時發生的，也不是每一個探險家都會碰到的機遇。冒險精神不是探險行動，但探險家的行動必須擁有足夠的冒險精神。沒有這一點，成功就與你無緣。

無數先富起來的人告訴我們：賺錢是一種選擇。

窮人與富人的能力差距，並不像他們之間財富的差距那樣大，那看似非常懸殊的差別，其實只根源於微小的一點，那就是對財富心態、財富觀念、創富行動的選擇。百分之二十的富人之所以能夠成爲富人，是因爲他們做出了正確的選擇。

下面我們來看看，巴菲特是怎麼通過「選擇」成爲世界首富的。

在一開始，巴菲特就選擇了「要過富裕的生活」。於是，他不以自己只有一百美元為由而放棄投資致富，選擇過平庸的生活，而是積極向親朋好友們借款，開始了他的投資致富生涯。

在巴菲特投資致富的過程中，處處體現了「選擇」對於致富的重要性。他說：「選擇一個優秀的明星企業比投資技巧和資訊更重要。」

巴菲特認為，在人的投資生涯中，要做對幾次投資決定（選擇）是非常容易的，但要做出千百次正確的投資決定則是十分困難的。而選對了最適合投資的明星企業，就可以讓投資者避免需要自己來做出無數個正確的投資決定的麻煩。否則，你若是選錯了投資對象，再怎麼努力，其結果都是令人失望的。所以，巴菲特總是選擇適合投資的明星企業。

同樣地，巴菲特也十分注重投資工具的選擇。作為「股神」，他對投資工具的選擇是極具智慧的。特別是在他白手起家的創業初期，他選中了「有限合夥人」這個投資工具，使自己邁出了成功的第一步，順利完成了資本的原始積累。因此，他說：「選準投資工具就會起到事半功倍的效果。」

改變觀念，正確認識財富，選定了投資工具後，巴菲特就開始著力選擇投資人。最初的投資人是他的家庭成員，在投資事業逐漸穩固後，巴菲特開始把加入這個合夥關係的投資門檻提高。因為合夥人不能超過一百人，他必須選擇那些最有價值的投資人做自己的有限合夥人。

巴菲特投資致富的一生，就是正確地做出「選擇」的一生。

脫貧致富的過程，就是「選擇」的過程。致富是一種「選擇」，其中最爲重要的是「心態」的選擇。要富有，首先你要從內心深處選擇致富，而不是選擇安於貧窮。這樣，你的貧窮病才能治癒；不久的將來，你才能過上富有的生活。

哲人說過：「心態決定命運。」你若想成爲百萬富翁，就必須有一個積極的致富心態。

下面六個「化欲望爲黃金」的切實步驟，你不妨一試：

（1）你要在心裡確定你所希望擁有的財富數字。

（2）規定一個固定的日期，一定要在這個日期之前把你要求的錢賺到手——沒有時間表，你的船就永遠不會有歸期。

（3）確實決定你將會付出什麼努力與代價去換取你需要的錢。要知道，世界上沒有不勞而獲的東西。

（4）擬訂一個實現你理想的可行計畫，白紙黑字地寫下來，並馬上著手進行。

（5）每天兩次，大聲朗誦你寫下的計畫內容。一次在晚上就寢之前，另一次在早上起床之後。在你朗誦的時候，你必須看到、感覺到和深信你已經擁有這些錢了。

（6）每天騰出三十分鐘，獨自一人排除干擾，儘量放鬆，使自己感到舒適，然後閉上雙眼，把自己想像為一名觀眾坐在一幅寬銀幕前面，觀賞自導自演的電影。當然，要儘量使這些畫面生動、詳細，讓你的心理畫面盡可能接近實際經驗。

通過以上練習，你的頭腦和神經中樞就會在欲望和黃金之間建立起一個新的自我意象。練習一段時間後，你會驚奇地發現，你的行為「完全不同」了，並有一種毫不費力的自發、自動的感覺。

5 賺錢要選擇以小博大

「以小博大」、「積少成多」是成大事者常用的手段。世界上許多富翁都是從「小商小販」做起的。只有扎扎實實地從小事情做起，才有希望有朝一日幹大事業，這樣做成的事業才會有堅實的基礎。如果憑投機而暴富，來得快，去得也快。

雖然我們有「從今天起開始做起」的想法，但如果訂立的計畫過大，到後來難以實行，也不會有什麼結果。因此，在開始時，不要把目標訂得太遠太大，應從小處著眼，從一點一滴做起。

萬丈高樓平地起，不要認爲爲了一分錢與別人討價還價是一件醜事，也不要認爲小商小販沒什麼出息。金錢需要一分一厘積攢，而人生經驗也需要一點一滴積累。

恐怕現在的年輕人都不願聽「先做小事，賺小錢」這句話，因爲他們大都雄心萬丈，一踏入社會就想做大事，賺大錢。

當然，「做大事，賺大錢」的志向並沒有錯，有了這個志向，就可以不斷向前奮進。但說老實話，社會上真能「做大事、賺大錢」的人並不多，更別說一踏入社會就想「做大事，賺大錢」了。

如果真能如此，應該具備一些特別的條件；如果沒有，就應該腳踏實地，從小做起。

首先，看自己的才智如何，是「上等」、「中等」還是「下等」。

其次，對自己的「機遇」有信心嗎？

最後，家庭背景如何？有沒有可能助自己一臂之力？

當自己的條件只是「普通」，又沒有良好的家庭背景時，「先做小事，先賺小錢」絕對沒錯！也絕不能拿「機遇」賭，因爲「機遇」是看不見、抓不到又難以預測的！

那麼，「先做小事，先賺小錢」有什麼好處呢？

「先做小事，先賺小錢」最大的好處是可以在低風險的情況之下積累工作經驗，同時也可以借此瞭解自己的能力。當你做小事得心應手時，就可以做大一點的事。既然賺小錢沒問題，那麼賺大錢就不會太難！何況小錢賺久了，也可累積成「大錢」！

此外，「先做小事，賺小錢」還可培養自己踏實的做事態度和金錢觀念，這對日後「做大事，賺大錢」以及一生都有莫大的助益！

千萬別自大地認爲自己生來就是個「做大事，賺大錢」的人，而不屑去做小事、賺小錢。連小事也做不好、連小錢也不願意賺或賺不來的人，別人是不會相信你能做大事、賺大錢的！

如果一個人總是抱著只想「做大事，賺大錢」的心態去投資做生意，失敗的可能性會很高！縱觀一些富人的成大事之路，他們無不是從小事做起，從小買賣做起，從小錢賺起。積少成多、滴水成河是亙古不變的道理！

6 合理選擇投資項目

在生活中要學會用獨特的眼光和魄力去分析、研究事物的根本，這樣才能做出正確的決定。在很多時候，明智的選擇往往比教育和知識更重要。

美國通用汽車公司曾是世界上首屈一指的汽車生產企業，其規模之大、牌子之響，在汽車行業無與倫比。一九八四年，通用出售各種車輛八百三十萬輛，銷售總額達八百三十九億美元，純利潤四十五億美元。

但是，隨著世界石油危機的加劇，汽油價格的上漲，又加上世界汽車行業的競爭日益激烈，通用汽車公司的日子越來越不好過。通用公司生產的汽車本身油耗大，又多屬豪華型，價格昂貴，在激烈的市場競爭中連連敗北，越來越站不住腳。一九九一年，公司負債竟達到三十億美元。

後來，史密斯出任通用公司董事長後才為該公司帶來了新的希望。史密斯經過仔細斟酌之後，下定決心，及時調整策略。他採取的第一個動作就是迅速地「加入到他們中間去」。

經過談判，通用汽車公司與日本豐田公司簽訂了一項協定，在加利福尼亞的分廠生產廿五萬輛由「豐田」設計的轎車，以通用的「雪佛蘭」牌在美國市場出售，利益均分。

豐田公司見大名鼎鼎的通用公司甘願拜倒在自己腳下，自然萬分高興，彷彿自己的身價一時也高了許多似的。

然而就在此時，通用汽車公司已經在暗地裡籌建自己的輕型車製造公司——農神公司。為了防止自己的傳統市場和本來的「農神」市場被日本汽車擠佔，通用及時為「農神」正式上市進行了試銷。

通用公司充分利用了這暫時合作的策略，為自己贏得了時間，贏得了市場。通過試銷，客戶開始接受通用公司的新型汽車。通用公司立刻抓住時機，投資幾十億美元，籌建農神公司。

農神公司採用了新穎的自動化設備，專門生產外型輕巧、耗油量小的小轎車，其品質和價格與日本產品相差無幾。就這樣，經過幾年努力，通用公司終於又在美國汽車市場中站穩了腳跟。

世人賺錢的方式有兩種：一種是用力，一種是用智。肩挑背負使力氣，這就叫做體力勞動，一般的人，只要有體力和耐力，都能勝任；用智則和用力氣不一樣，只有那些有頭腦的人才能走這條路。

賺錢需要有好的構想和方法，這一點已受到眾多生意人的認同。做生意和寫小說基本很相似，有好的構思是一篇小說成功的關鍵，做生意有好的構思才能使自己的生意有理有情。

7 行業選擇的禁忌

一個人在擇業時，首先要有一個長遠計畫。可有了長遠規劃的藍圖，還必須從近處著手，從現實著手，才能腳踏實地，不斷發展。脫離現實，這是擇業的禁忌。一旦犯了這些禁忌，就會白忙碌一場，到頭來一事無成。

在選擇行業進入市場的過程中，有一些問題是眾多商家起步時常犯的毛病，爲了引他山之石，攻己之玉，以下是幾點禁忌，以供借鑑：

（1）不懂裝懂，自以爲是。

「金無足赤，人無完人。」人總是有所長有所短，有所能有所不能。一個人不論如何聰明，他要經商時，也同樣需要從頭學習經商的知識，向他所選擇的行業的專家請教。自以爲懂，不認真學習而自以爲是地幹，其結果往往是一開始便倒下來摔跟頭，被迫在痛苦中學習。

在行業的選擇中，你可能對所選行業的一些具體細節不甚瞭解，而且這並不局限於你自身的行業，因爲現代行商處賈，須涉足眾多的專業領域如法律、財會、廣告、策劃、行銷、技術、工藝、開發、設計……而一個人不是全能的，不可能樣樣都精通。這時候，你需要這方面的專家。你需要做的是對方方面面都有所瞭解，略知一二，不一定需要熟悉所有的細節，但要能夠把握一些規律性的東西，能與專家溝通、交流。

中國聯想集團是中國電腦產業的佼佼者，是能夠與國外電腦公司抗衡的中國電腦集團公司。聯想集團的成功原因是多方面的，其中有一點在聯想的發展史上是不能抹殺的，那就是聯想的創始人柳傳志在最艱苦的創業時期，猶如《三國演義》中劉備「三顧茅廬」請諸葛亮一樣，誠聘著名科學家、發明家，後來被稱為「中國聯想微機中文卡之父」的倪光南教授。作為國內一流的電腦專家，倪光南教授的加盟，使當時還名不見經傳、剛起步的小公司有了生機和希望。

聯想集團十多年發展的歷史充分證明，聯想的創始人是有遠見、有眼光的。因

此，現代商人需要專家的扶持，當你遇到不夠明確的事時，不要逞強，不妨聽聽專家的意見，他畢竟比你我懂得多。

（2）盲目追隨潮流。

一些最初下海經商的人，往往暈頭暈腦，眼看著什麼東西熱銷大賣，就盲目地跟風，殊不知風的特性是一會兒有一會兒無，時而東時而西。聰明地看準風向，見風使舵，可有人待聞風而動時，風已拂面而去。

遠離熱鬧，保持清醒，可能寂寞，但卻有一份觀察的從容與距離，能夠清醒地明白別人在做什麼，自己想做什麼。有時候，不去湊熱鬧，可能會為自己贏得意想不到的東西。所以，我們在擇業之前，一定要三思而行，切不可魯莽！

8 學理財，選擇金錢的合理增值

金錢好比肥料，如不撒入田中，本身並無用處。對個人來講，金錢只有用來投資和消費才能顯示出其根本的價值，發揮應有的作用。這樣，你才能使自己與僅知道把錢存起來的「守財奴」區別開來。所以，在金錢的觀念上，我們要恰如其分地選擇與放棄，才能合理地支配它，也才能使它被充分地利用起來。

「吃不窮，穿不窮，算計不到就受窮。」一句老話指出了「算計」在生活中的無比重要性。如果我們僅僅局限於「能掙會花」的第一步，只懂得掙錢而不會「算計」，也就是不會正確地花錢，往往最終還是要感受金錢的窘迫。

富人何以能在一生中積累下巨大的財富？他們到底擁有什麼致富訣竅呢？有人做了深入的探討，並對改革開放以來湧現的「大款」做了調查，得出了一個結論：他們中三分之一的人靠繼承，三分之一靠創業積累財富，另外的三分之一是靠理財致富。而綜觀芸芸百姓，誕生在富裕之家的畢竟是少數，而全社會能創業成功的比率也少之又少。因此，理財得當才是市井小民最好的致富途徑。

理財能幫你實現致富夢想，下定決心理財吧。理財並不是一件困難的事情，困難的是自己無法下定決心理財，如果你永遠不學習理財，終將面臨坐吃山空的窘境。

第五章
有選擇地結交朋友

想在這個激烈競爭的社會中立足，僅憑自己的力量單打獨鬥是遠遠不夠的，必須有其他人相互扶持才行。所以，擁有良好的交際網，是一個人取得成功的必要條件之一。而在交際中如何選擇、如何放棄，不僅體現著一個人的交際能力，更影響著他的生活。培養高超的社交藝術，是每個夢想成功的人必須做的。

1 選擇換位思考

生活的智慧告訴我們，獨斷專行者最容易出差錯，我行我素者難得有善終。而那些懂得換位思考的人，不僅自己過著幸福的生活，也讓那些和他交往的人覺得自在和舒服。

善於觀察的人都知道，貓和狗是仇家，見面必鬥，起因很可能是在溝通上出了點問題。搖尾擺臀是狗族示好的表示，而這種「身體語言」在貓卻是挑釁的意思；反之，貓兒們在表示友好時就會發出「呼嚕呼嚕」的聲音，而這種聲音在狗聽來就是想打架的意思。阿貓阿狗本來都是好意，結果卻適得其反。但從小生活在一起的貓狗就不會發生這樣的對立，原因是彼此熟悉對方的行爲語言含義。所以，進行換位思考，進行有效溝通十分重要。

現在的人，自我意識很濃，都喜歡從自我的角度去看待一件事物，經常用自己的主觀意識做出判斷，注重的是自我感受，很少在意別人的想法與感受。主張換位思考，就是讓自己多站在別人所處的位置想一想，去感受別人的感受，從而尋求解決事情的最佳方法。

溝通之前，多一點換位思考，有助於瞭解彼此的想法和心情，使雙方能夠相互地理解和支持。不能總自以爲是，以「我的就是對的」的想法來看待問題，這樣得到的結果只會是偏執和激進。換位思考有助於自己更加清楚透澈地看清事情的全面性、合理性，同時也能讓自己多一份理解多一份寬容。

欲求對方的理解，首先要理解對方。人人都希望被瞭解，也急於表達，卻常常疏於傾聽。有效的傾聽不僅可以獲取廣泛的準確資訊，還有助於雙方情感的積累。當我們的修養到了能把握自己、保持心態平和、抵禦外界干擾和博採眾家之長的境界時，我們的人際關係也會上一個新臺階。

有時，我們是在爲別人想，可當事情的後果不如我們所想像或期待時，我們就會覺得委屈。那麼，是別人真的不明白我們呢，還是有其他原因呢？仔細地加以分析，我們會發現，這種換位思考並不是真正的換位思考，而是以本位主義來瞭解別人的想法及感受，這並非真正爲別人著想，因爲它忽略了對方真正的想法及感受。這種做法缺乏尊重——尊重別人的責任，尊重別人的能力，尊重別人的自主權。所謂的「好心辦壞事」就是這種。

《論語》中有這樣一句話：「己所不欲，勿施於人。」意思是：自己不喜歡的事，就不要強加在別人身上。我們在人際交往中，要善解人意，對人持平等、尊重和友善的態度。採取什麼方式對待他人，先要設身處地地想一想，如果自己是對方，是否願意受到這種對待。如果我們不願意，那麼我們就不能以此對待別人。

戰國時期，梁國與楚國毗鄰，兩國在邊境上各設界亭，亭卒在各自的地界內種了西瓜。梁亭的亭卒勤除草、勤澆水，瓜秧長勢很好；楚亭的亭卒懶惰，瓜秧又細又弱。

楚人出於忌妒，趁夜越過邊界把梁亭的瓜秧全部扯斷。梁人發現後氣憤難平，報告縣令宋就，並準備把楚亭的瓜秧扯斷。

宋就說：「楚人這樣做很卑鄙，可是，我們明明不願他們扯斷我們的瓜秧，為什麼要反過來扯斷人家的瓜秧？別人不對，我們再跟著學，那就太狹隘了。從今天起，你們每天晚上偷偷給他們的瓜地澆水，讓他們的瓜生長得好。」

亭卒覺得宋就的話有道理，便照辦了。楚人發現自己的瓜秧長勢一天好似一天，很高興。仔細觀察，發現每天瓜地都被澆過，而且是梁國的亭卒悄悄為他們澆的。楚國的邊縣縣令聽到亭卒的報告後，既感到慚愧又非常敬佩，便把這件事上報給了楚王。

楚王聽後，深為梁國修睦邊鄰的誠心所感動，特備重禮送給梁國，以示自責，表示酬謝。結果，原本敵對的兩國成為了友好鄰邦。

換位思考就像是魔法石，改變並潤滑著人與人之間相處時的磨合，構築了人類溝通的舞臺。學會換位思考，應對自己多加約束、多加限制，對別人多加寬容、多加體諒。遇到問題從多種角度去思考、去認識，必將收到事半功倍之效果。

換位思考，是一個最基本的道德教諭。古往今來，從孔子的「己所不欲，勿施於人」到《馬太福音》的「你們願意別人怎樣待你，你們也要怎樣待人」，不同地域、不同種族、不同宗教、不同文化的人們，都說著大意相同的話。

換位思考是人類經過長期博弈，付出慘重代價後總結出的黃金法則。沒有人是一座孤島，社會是一個利益共同體，我們是同一棵樹上的葉和果。克魯泡特金在《互助論》中證明：「只有互助性強的生物群才能生存，對人類而言，換位思考是互助的前提。」

換位思考的結果，就是雙贏。深刻的道理，往往是簡單的；而簡單的道理，真正做到就不簡單了。如果我們能時刻站在他人的角度思考問題，體驗他人的情感世界，我們就能融洽、友善地與人相處。

2 情感投資是成功的保障

爲人處世最重要的便是情感投資。在平時，多講一點具有人情味的話，有助於你的人生之路越走越寬。三百六十行，不管在哪一行，有哪一個成功者敢說自己的成功完全源於自己，沒有別人一絲一毫的功勞？

一九八八年的一天，建築部的經理向香港富豪李兆基提及承接恆基集團一項工程的承包商要求他們補發一筆酬金，遭到了建築部的拒絕。

李兆基便問：「那個承包商為什麼要出爾反爾呢？一定有他的原因吧？」

「是的，」建築部的經理回答，「他說他當初落標時記錯了數目。現在才發覺做了虧本生意。」

本來，這樁買賣是簽了合同的，有法律保障，大可不必對此進行處理。李兆基卻說：「在市道不俗時，人人賺到錢，唯獨他吃虧，也是夠可憐的。法律不外乎人情，承包商是我們的長期合作夥伴，反正這個案子我們有錢賺，就補回那筆錢給他吧，皆大歡喜！」

由此可見，注重人情投資也是做人的一項基本功。無論做什麼事，一定要講究點人情味。同事，是一個人事業上的合作者；下屬，是一個人事業上的墾荒人。要想成就一番大業，就必須獲得他們的大力支持與幫助，讓他們也獲得必要的利益。只要大家眾志成城，還有什麼樣的困難不能被克服呢？

李兆基之所以能成為億萬富翁，做出那麼大的事業，與他善於運用人際關係技巧有著十分重要的關係。

凡是跟李兆基共過事的人都對他讚不絕口，認為他是最照顧夥計利益的好老闆。為了取得同事的精誠合作，李兆基總要給幾位左右手一些機會，讓他們注股於一些十拿九穩的房地產計畫，賺到比薪金多幾倍的利潤。使他們分享紅利，感受到做生意的樂趣，對士氣肯定會有良好幫助，這是李兆基的一貫態度。

有一次，李兆基拿出某地產案的百分之十五讓身邊的五位好夥計參股。結果，有一個人沒有那麼多錢，只好把股份捨棄了。

李兆基知道了這件事，在問明原委之後，對他說：「我有機會賺一萬元，都希望你們賺一百元。這樣吧，我把名下百分之二的股份讓給你，股本暫時算你欠我的，等將來賺到錢，你再還給我吧！」於是，大家都賺到了錢。

對於李兆基來說，真是本小利大。付出小小的錢，就能贏得一團和氣，令雙方合作愉快。

對於下屬，李兆基同樣是善用人情，巧妙關懷，扶危濟急，贏得一片忠心和無限感激。

總之，善於運用情感投資的人，不僅能讓自己收穫財富，還能在無形中提升自己的地位，受到人們的愛戴。一個人能擁有如此美事，還有什麼不滿足的呢？

3 別人的意見要選擇性地聽

爲人處世，有一條很大的忌諱，就是「耳根太軟」，盲目地聽信別人。

《孟子・離婁篇》中說：「人之患，在好爲人師。」如今，喜歡幫人出主意的人越來越多，他們積極主動幫你想辦法，熱誠感人，但要如何面對他們的「好意」呢？

（1）學會虛心傾聽他人意見。

俗話說：「忠言逆耳利於行。」假若我們能夠放下那顆虛榮心，認真聽取別人的意見，肯定能夠從別人的意見裡，發現自己的許多弊端，這些弊端又是達成成功人生所必須克服的，所謂「以人爲鏡」正是這個道理。

你一定要記住：知道怎樣聽別人說話，以及怎樣讓他敞開心扉談話，是你制勝他人的唯一法寶。人的能力畢竟是有限的，肯定有許多東西是我們個人所無法瞭解的，通過傾聽別人的談話，我們可以獲取許多有用的資訊，可以分享他們的知識和經驗。而你所得到的是別人的好感與支持，沒有人喜歡別人總是駁斥自己。

對於大多數人來講，人生中的大多數經歷很容易忘懷，能在記憶中深深烙下的都是刻骨銘心的經驗。所以，如果你能有幸傾聽他最寶貴的東西，無疑會極大地豐富自己。

學會傾聽，絕對不是一言不發，那樣對方會感覺自己是在對牛彈琴，覺得索然無味。因此，更恰當地說，你應該學會引導對方談話，誘導他說出他想表露的一些真實的東西和看法。

由於虛榮心理，許多人害怕別人發現自己的不足，害怕會遭到拒絕。要想讓對方開啓心扉，首先應該讓他消除自己的顧慮。一旦別人發現和你在一起很安全，而你又打心眼裡讚賞他時，他便會向你開啓心扉。

每個人都需要有人一起分享他的感受，可又害怕一旦向人表白，會得不到共鳴，甚至會被人看作悲慘、殘酷和自私。假若你相信自己也是自私的，對別人侵犯你的個別行爲，站在同一立場上，即使不能接受，也應加以考慮。因爲人們的基本情感都是大同小異，無非愛、恨、恐懼等，甚至還會不時掠過一些罪惡的念頭。接受這些並不可怕，因爲這才是人的本來面目。

如果你能做到這一點，無形之中便能贏得對方的心，因爲對方會覺得自己的情感有人理解，進而全身心地支持你。這對你的成功將起到不可估量的幫助。

當然，有一點値得你注意，當別人向你吐訴心聲後，往往期待著你能爲他保守秘密。你絕對不能以此爲條件去要脅他，更不能隨意地把他的經歷告訴別人。一旦他發現你粉碎了他對你的信賴，你將會永遠失去他的支持。

（2）分辨誰是真正的「老師」。

有些人見你在工作中不大順心、懷才不遇，就「好爲人師」地勸你該如何爭權和爭表現的機會；也有些人見你在感情上不大順心，兩性關係走得坎坷，「好爲人師」地提醒你該如何掌控對方；還有些人「好爲人師」地勸你該去運動、美容、塑身、買房子……他們不但勸，有時還拿一堆資料給你，甚至主動牽線，讓你覺得不照著做，自己就是個罪人，會傷了他的心。

與這些熱心人士打交道，首先要不斷表示感激，在人情淡薄、人心自私的時代，得到他們如此的關心，實在難得，若拒人於千里之外，難免讓人心寒。

其次要確認對方是否真具有在那個領域「為人師」的資格：如果他升遷順利、事業成功，他有關工作的建議就可多聽聽；他婚姻幸福、家庭美滿，一定有獨到之處，可以多採納他的建議；他對某一領域有深入研究，許多人都推崇他，那他在該領域中的意見應該是比較可行的。

相反地，若對方既沒有專業技能，又沒有好品德，那就得防著點。有人只是愛發表議論、半瓶醋、好管閒事；有人暗藏鬼胎，另有陰謀；有人借機推銷，先出主意再賣東西……這些人不配「為人師表」，你我當然不必言聽計從，做實驗品或犧牲者。

況且，生活中專有一類虛偽的小人，貌似熱情慷慨，實際卻用心卑劣。在他甜言蜜語地向你獻策、「支招兒」的背後，說不定藏著什麼險惡的目的，比如：通過你充當某種工具，拿你當槍使，去實現他不可告人的企圖。如果你真的聽信了他的話，那就是天大的傻瓜！

話又說回來，「師父領進門，修行在個人」，即使對方再好心，他的主意再好，也只是領你進門，往後的路還得靠自己！這些熱心的意見會漸漸變得不重要，日後碰到了問題，還是向真正專業的人請教為宜。

（3）卸掉人情包袱。

讓朋友欠個人情並不是件太難的事，同樣，你也可能欠下朋友的人情。人情是必須回報的，但是，如何回報，何時回報，回報的代價是多大，卻從來沒有什麼定規。如果你欠了小情，卻還了大的，豈不吃虧？如果你欠久了，難以還，成了負擔，豈不糟糕？所以，你既要學會「做人情」，又要努力使自己避免欠下朋友的人情。

《論語》上說：「惠則足以使人。」意思是說，給人恩惠，就足以使喚人了。所以，對朋友的小恩小惠、大恩大惠要慎重，能不接受的儘量不接受。「吃了人家的嘴軟，拿了人家的手短」，這一短，若想再長起來，就必須替朋友辦事。

朋友之間來來往往，提點禮物，挺正常，不在上述之列。帶有明顯功利目的的朋友，是可以看出來的。今人與古人不同，今人的生活速度已提高許多，請朋友辦事的速度也大大提升。假如一個並不經常見面的朋友，卻在一天忽然登門，你可千萬別奇怪；或者常見面的好友，帶的禮物超乎平時的貴重，你也要心裡有數。

中國人講面子，帶來的東西，你不收，就是不給他面子，盛情難卻之下，你可以暫時收下，但必須將這個人情送出去。你要去回訪他，帶著差不多的禮物，兩下扯平，也不會傷了和氣。

朋友請你辦事的第二種手段，就是請你吃飯。東西送上門，你不能不給面子，吃飯卻得預約，這就讓你有了許多理由去推脫掉，但腦袋要轉得快些，推辭要講得委婉些。腦袋轉得快些，知道對方是誰，弄清關係網，搞清朋友圈，然後再想想該接受還是該推掉。

然而，有的人就愛打腫臉充胖子，自認為自己特別能幹，朋友一求，馬上拍胸脯保證，更有甚者，明知自己辦不成，還硬往自己身上攬。

三國時的蔣幹就是這麼一個人。

他自以為了不起，認為自己的口才可以同春秋戰國連橫、合縱的雄辯天才相比。他向曹操自薦，說自己可以去說服周瑜投降曹操，而且信心十足，青衣小帽，再加一個書僮、一葉扁舟，就去見周瑜了。

周瑜是何許人也？年紀輕輕便能統帥百萬軍隊，豈是一個同窗的說士可以動搖的？他來至周瑜的兵營，連三句半都沒說上，便被周瑜玩得團團轉，最後走得也不正大光明，帶回的密信讓曹操上了當，損失了兩員大將。

所以，千萬別逞強，那只會將事情搞砸。辦不成的事，要老實地說，沒什麼不好意思的。

朋友之所以來找你，就是因爲他自己辦不成。別爲你幫不上別人的忙而不好受，與其搞砸一件事，還不如讓他另請高明。

4 選擇做你該做的

當你告別了孩提時代，初諳世事的時候，你發現許多大人們善於揣摩領導的心思而投其所好，八面玲瓏地待人接物而左右逢源。於是，你也「東施效顰」，想修煉出一副老成持重的尊容，想擁有一副叫人一看就悅目的面孔，做任何事總想取悅所有的人。

當他具體處理某一件事時，首先考慮的就是：我怎麼做才能贏得大家的好感呢？於是，他開始時時刻刻揣測別人對他的要求。結果，他完全不知道自己怎麼去做、自己需要什麼，陷入了無所適從、進退維谷的泥沼。他總是失望，因為他不可能滿足每個人的要求。

一般來說，會這麼做的人有以下幾種心理：

其一，不想得罪任何人，甚至想討好每一個人，至於是非對錯，不管；

其二，本身就是沒有主見的人，無法分辨是非對錯，所以誰說得有理，就聽誰的。

不管是什麼樣的心理，這裡要告訴你的是：想面面俱到，不得罪任何人，那是絕對不可能的。

在做人方面，你不可能顧到每一個人的面子和利益，有時你認為顧到了，別人卻不這麼認為，甚至根本不領情都有可能；在做事方面，你也不可能顧到每一個人的立場，每個人的主觀感受和需要都不同，你要讓每個人都滿意，就會有人不滿意。

想要做到誰都討好，結果只有兩個：

第一，為了面面俱到，反而把自己累死，而因為怕對方不滿意，還得小心察顏觀色，揣摩他的心思，其中辛苦可想而知。

第二，別人摸透了你想面面俱到的弱點，便會軟土深掘，得寸進尺地需索要求，因為他們知道你不會生氣，於是，你就變成了人人看不起，給人好處別人還不感謝的天下超級大笨瓜。

那麼，該怎麼做？

做你該做的——也就是說，你認為對的，你就要不受動搖地去做，參考別人意見時要看意見本身，而不是看別人的臉色。這麼做有時確實會讓一些人不高興，但你不受動搖，卻可贏得這些人事後的尊敬，畢竟人還是服從公理的，除非你的堅持純是爲了私心。這麼做，會有人稱讚你，也會有人罵你，但想面面俱到的人，結果是每個人都笑你。

該說「不」時就說「不」

人與人的交往呈現著多種不同的面貌，能夠得心應手、應對合宜地處理交往問題的人似乎寥寥可數，這也正說明了處理人際關係的不易。因而，不知如何應對的情況，總是常出現在我們的周圍。

在眾多難以應對的情形中，最令人感到頭疼的情況就是拒絕對方的請求。面對需要拒絕的情況時，最難處理的是既不能輕易地答應，又無法乾脆地說「不」。常受人請托的人往往會受到相當正面的評價，所以有些人認爲，倘若拒絕別人的請求，恐易對自我價值產生負面的影響。於是，拒絕與否在取捨之間便難以掌握。如此一來，原本幫忙的意願不高，卻又勉強答應，結果發生後悔的情形就相當常見了。

事實上，那些考慮形象會遭受影響的理由，只是一種藉口。意志不堅的人，總認爲斷然拒絕對方的請求，未免顯得太過無情。但難以履行諾言時，再改變心意拒絕對方，顯然已經太遲。因爲，等無法做到允諾的事情再予以拒絕，給人的印象會更糟，甚至需要付出相當的代價去彌補缺失或兌現承諾。如果這件事只限於個人的煩惱，還稱得上不幸中的大幸；若因此事而與要求請托的對方發生不愉快，甚至產生怨恨、敵視，演變成雙方人際關係上的對立與衝突，豈不更得不償失？

固然，一開始即斬釘截鐵地說「不」委實不妥，但也不要因此而放棄你拒絕的權利，即使這樣做會破壞他人對自己的期望或好感。先把這一點搞清楚，然後儘早設法向對方懇切地表白，才是真正的相處之道。

也許如此一來，請求你的人可能會暫時表現出失望，但總比中途反悔要好得多。所以，在考慮答應對方的請求前，應先仔細盤算自己能力是否能及。如果答案是否定的，不妨想想：一旦失約，對方就會對自己產生不信任感。那麼，即使很難做到，也勢必得鼓起勇氣將之拒絕。

拒絕別人的請求，絕不是一件有失顏面的事情，所以無需爲此感到不好意思。最重要的是能清清楚楚地將不能答應的原因說明，以消除對方可能產生的誤解。至於對方有何反應或看法，就看他的爲人如何了。不過你決斷與明智的拒絕態度必然會受到某種程度的肯定。

倘若你不僅具備了拒絕的勇氣，同時還具有爲對方設想的智慧，那麼，你已經掌握到拒絕的藝術訣竅了。

如何爲對方設想呢？譬如，自己幫不上忙的事，也許自己所認識的人有這個能力。此時，不妨運用自己的人際關係爲對方鋪路。如果成功的話，對方必定會對你深表感謝；即使失敗了，對方亦會自覺不宜過分強人所難而打消對你的請求，並有感於你的誠意。

「罵人」要講究藝術

人不能沒有脾氣，一天到晚滿臉堆笑，也實在累得慌。俗話說：「狗急了跳牆，兔子急了咬人。」既然你決心以強人的姿態去做一匹狼，就得在適當的時候

「黑」下臉來，比如：該罵就「罵」。

然而，「罵人」是一種高深的學問，不是人人都可以隨便試的。有因為「罵人」挨嘴巴的，有因為罵人吃官司的，有因為罵人反被人罵的，這都是不會「罵人」的緣故。

「罵人」要罵得好，有十大要點：

一、知己知彼：打人一拳，先要忖度自己是否吃得起別人一拳。別人若有某種短處，而足下也正有同病，也得割愛。

二、無罵不如己者：要挑比你大一點、漂亮一點或比你壞但更為得勢的人物罵，他肯對罵，你就算罵著了，因為身分相同的人才肯對罵。罵比你差的人自然如教訓人一般。

三、適而可止：罵大人物罵到他回罵為止，罵小人物罵到他不能回罵為止。否則，或以為你無理取鬧，或以為你欺負弱者，過猶不及。

四、旁敲側擊：指著和尚罵禿頭是笨蛋，要烘托旁襯，越罵越要原諒他，還可以說些恭維話，緊要處一語便得，以此顯得真實確鑿、頗有肚量。

五、態度鎮靜：切忌浮躁。面紅筋跳、暴躁如雷的潑婦罵街之術不可取。真善罵者，須避其鋒而擊其懈，以靜制動，輕輕一句話便可牽得對方狂吼不已，再冷笑幾聲，包管他氣得死去活來。

六、出言典雅：罵要微妙含蓄。上乘罵人，要讓人慢慢領悟這句話不是好話，讓他笑著的面孔由白而紅，由紅而紫，由紫而灰。故而，切不可涉及女子生理學的範圍；稱呼要客氣，即使是極卑鄙小人也不妨稱他先生；最好用對方自己的詞句倒回去，少用俗語，蓋其一覽無遺也。

七、以退爲進：自己若有理屈之處，不妨開罵伊始便輕輕遮掩過去，道歉認錯也不妨；沒有，也務必要謙遜不遑，降至不可再降之處，然後重整旗鼓，自有一種公正光明的態度。否則會變成兩人私自口角，難判曲直。

八、預設埋伏：善罵者，要先想想對方會罵什麼，會回敬什麼，預先把沙包放好，譬如他罵你的話，你替他說出來，這便等於繳了他的械一般。

九、小題大做：如對方沒有或你不知其該當大罵之處，不妨從不值一罵的小題目出發，先用誠懇而懷疑的態度引申對方的意思，由不緊要之點引到大題目上去，處處用嚴謹的邏輯逼他說出不合邏輯的話，或是逼他說出合乎邏輯而不合事理的話，然後再大舉相罵，直到對方體無完膚。

十、遠交近攻：切勿樹敵過多，目標要集中，即使牽涉到旁人，也要表示好意，否則回罵紛遝，無從應付。

控制自己的情緒

人是感情動物，所以會有情緒的波動，這是人和其他動物不同的地方。不過，有人控制情緒功夫一流，喜怒不形於色；有人則說哭就哭、說笑就笑，當然，也說生氣就生氣。

哭笑隨意的情緒表現到底是好是壞呢？有人認爲這是「率真」，是一種很可愛的人格特質。這麼說也不是沒有道理，因爲喜怒哀樂都表現在臉上的人，別人容易瞭解，也不會有戒心，而且，有情緒就發洩，而不積壓在心裡，也合乎心理衛生。但說實在的，這種「率真」實在不怎麼適合在社會上行走。

有兩個理由：

首先，不能控制情緒的人，給人的印象就是不成熟，還沒長大。只有小孩子才會說哭就哭、說笑就笑、說生氣就生氣。這種行爲發生在小孩子身上，大人會說是天真爛漫；但發生在成年人身上，人們就不免會對這個人的人格發展感到懷疑。如果你還年輕，則尚無多大關係；如果已經工作了好幾年，或是已經過了三十歲，別人就會對你失去信心，因爲他們除了認爲你「還沒長大」之外，也會認爲你沒有控制情緒的能力。這樣的人，一遇不順就哭，一不高興就生氣，能做大事嗎？這已經和你的個人能力無關了。

其次，容易哭，會被人看不起，認爲是「軟弱」，容易生氣則會傷害別人。哭其實也是心理壓力的一種舒解，可是人們始終把哭和軟弱聯繫在一起。不過大部分的人都能忍住不哭，或是回家再哭，但卻不能忍住不生氣。

生氣有很多壞處。會在無意中傷害無辜的人。有誰願意無緣無故挨你的罵呢？而被罵的人有時是會反彈的。此外，大家看你常常生氣，因爲怕無端挨罵，便會和你保持距離，你和別人的關係在無形中就拉遠了。所以，在社會上行走，控制情緒是很重要的一件事。你不必「喜怒不形於色」，讓人覺得你陰沉不可捉摸，但情緒的表現絕不可過度，尤其是哭和生氣。

如果你是個不易控制這兩種情緒的人，不如在事情發生，引動了你的情緒時，趕快離開現場，讓情緒過了再回來；如果沒有地方可暫時「躲避」，那就深呼吸，不要說話，這一招對克制生氣特別有效。一般來說，年紀越大，越能控制情緒，也越不易被外界刺激引動情緒，所以，你不必太沮喪。

如果你能恰當地掌握你的情緒，你將在別人心目中呈現「沉穩、可信賴」的形象，雖然不一定能因此獲得重用，或在事業上有立即的幫助，但總比不能控制情緒的人好。

也有一種人能在必要的時候哭、笑和生氣，而且表現得恰如其分。這種人控制情緒已到了相當高的境界，你如果有心，也是可以學到的。

任何時候都要保持光明磊落的態度

並不是人格高尚的人才能被稱爲君子，只要能夠保持著穩健樸實的想法，就可以稱爲君子。

古人說：「君子訥於言而敏於行。」這個「敏於行」，照現在的理解就是做事要機靈。嘴上雖然不用多說，但心裡卻不是一塊「死木疙瘩」。萬不可一條道走到黑，而要順應時勢，及時調整自己。

所謂順應時勢調整自己，是指受到外在客觀因素影響而改變自己的想法，而不是爲了迎合他人的想法而改變自己。

真正處世圓滑的人懂得配合不同的對象、不同的場合來改變自己的態度，以最合適的方法讓對方接受自己的主張。

心胸狹窄的人要做到這一點很不容易。一旦話說出來就非得強迫對方接受自己的看法，一點轉圜的餘地都沒有；對他人的看法也是保持著先入爲主的觀念，絲毫不曾努力地去發現別人的優點；最怕別人指出自己的不是，如果有人批評他字寫得不好看，他就再也不會幫你寫文件。

身爲現代人，確實需要有包容的胸襟，昨日的敵人也可以變成今天的朋友。即使面對著同樣的對象、同樣的環境，也還是要能夠順應不同的現實情況來調整自己的態度，這是身爲現代人不可或缺的基本交際技巧。這與沒有主見、沒有原則的牆頭草完全不同，要推翻昨天說過的話必須要有充分、合理的理論及根據。如果只是盲目地跟隨在別人所帶動的風潮之下，卻沒有觀察力與應變能力，這只是迎合世人而並非是順應時勢。

自己的思想、意念並非一定不能改變。外在的客觀環境隨時都在改變，自己的立場也會因此而改變。只是，你一定要很清楚地瞭解自己想要什麼，以及改變的理由及立場。

在與朋友交往時，最忌諱的就是態度搖擺不定。在你改變態度之前，想想清楚自己是不是有充分而完整的理由。唯有保持光明磊落的態度，才是順應時勢的君子。

5 妥協也是一種選擇

在有些場合，爭論是難以避免的。倘若遇到強勁的對手，與其兩敗俱傷，不如退一步海闊天空。適度妥協不失爲一種雙贏的選擇。

古人云，物以類聚，人以群分。從心理學上講，人都有趨同排異的心理情結，喜歡同和自己志同道合的人交往，排斥與自己的人生觀迥異、意見不合的人。當別人提出反對意見時，容易產生抵觸情緒，形成對抗的心理。遇到這種情形，人們會下意識地竭力保護自尊，極力貶斥對方，容易動怒，言辭過激，與人發生語言對抗，似乎非要爭個輸贏。如果雙方都是這種心態，就會爭得面紅耳赤，彼此都難以下臺。

《聖經》上說：有人打你的右臉，連左臉也轉過來由他打。這些話看似簡單、充滿矛盾，其實卻蘊藏著精深的哲理和超脫的思想境界。上帝可以寬宥罪犯和惡人，普通人爲什麼不能容忍別人提出反對意見呢。

有一天，退出政壇的英國前首相邱吉爾騎著一輛自行車在街道上閒逛。忽然，一位女士騎著自行車從相反的方向疾駛而來，由於沒有剎住車，與邱吉爾相撞了。

「你這個糟老頭沒長眼睛嗎？你到底會不會騎車？」這位女士惡人先告狀地破口大罵。

邱吉爾對她的惡言並不介意，只是不斷地向對方道歉：「對不起！對不起！我還不太會騎車。看來你已經學會很久了，不是嗎？」

此刻，這位女士氣已經消了一半，再仔細一看，他竟是著名的前首相。她感到羞愧難當，喃喃地說道：「不，不，您知道嗎？我是半分鐘之前才學會的，教我的就是閣下您啊。」

一個人在社會交際中，因爲這樣或那樣的原因，總會遇到這樣或那樣的對手。如果是生命攸關的事情或者涉及原則的事情，倒也值得據理力爭；若爲一些非原則性問題和尋常小事而大動干戈，那就毫無意義了。一般人卻偏偏難以悟得這種道理，常常爲一些陳芝麻爛穀子的小事而大打出手，甚至爭得你死我活。其實，這些糾葛完全可以用其他方法來處理，換一種方式，也許還能更省時、省心一些。比如，放棄對抗，向爭論的對手妥協，就是化解分歧、消災免禍的一種智慧選擇。例如，在雙方爭論激烈，導致對方情緒失控的時候，不妨向對手扮個鬼臉：「我走了，不陪你玩了。」

當然，人在爭論的時候往往情緒激動，想放棄對抗行爲並非易事。一方面，你要超越自己狹隘的胸襟；另一方面，有時還需要具備單方面放棄對抗的實力。事實上，只有勢均力敵甚至比對手更強，人才容易瀟灑而退，並顯得寬容大度。其實，爭執中，弱小的一方也有尋求妥協的可能，有道是「好漢不吃眼前虧」，打不贏就「跑」自古就是實用的選擇。向強大的對手妥協，還可以贏得談判的機會，這並不是怯懦地向對手投降，而是與強手鬥爭的策略。

從另一個角度來說，生命是有限的，一個人一生要做的事情實在是太多了，何必費時費力地與別人一爭高低呢？在工作中難免會遇到合不來的同事，可是工作上又必須要與之打交道，如果抱定不計較的心態去合作，那肯定是會出問題的；倒不如忍耐幾分、大度一點，刻意去發現和欣賞其優點，找出彼此交流的管道，這樣豈不是更有利於事業的發展嗎？

6 不要完全接受攻擊性的語言

有人不管別人說什麼，都能以笑臉相待，就算別人說的話再尖酸刻薄，他也能諒解；相反，明明是爲了他好才說的話，有的人卻情緒激動地加以反駁。

從外在控制的角度來考慮人際關係，其特點就是懷有對他人的敵對心、攻擊心，或者是恐懼心和警戒心。攻擊和防禦的邏輯是其核心組成部分，人際關係簡直就成了一種「戰鬥」，這一切都是外在控制造成的。恐懼心和警戒心的強弱和個人的成長經歷以及性格有關，極端強烈的恐懼心和警戒心會使人不敢靠近。

如果你的敵對心和攻擊心很強烈的話，就會很平靜地告訴對方自己討厭他的某個缺點，這會使別人感到不愉快，使別人受到傷害。

在人際關係中的敵對心和攻擊心，以及與之相對的恐懼心和警戒心的強弱因人而異。所以，在與人交往中，我們應該客觀地想一想，在別人眼中，自己是容易交流的人，還是不容易交流的人。認可對方、體諒對方的心情比什麼都重要。要想和周圍的人和睦相處，首先要讓自己變得謙虛，變得和藹可親，這樣才會有開誠佈公的對話。

7 選擇性地經營你的朋友

回顧你的人脈關係，你就會發現，對你一生的前途命運起重大影響和決定作用的，也許就是那麼一兩個重要人物。所以，你不可能也無法將自己的時間、精力等平均分給每一個朋友，不可能像對待重要人物似的對待你認識的每一個人。所以，對朋友要有所區別。

說到這裡，很多人可能會想：「將自己的朋友區別對待，那還算得上朋友嗎，」「是朋友，就該一視同仁。」按照中國人的傳統心態來看，對待自己熟識的或交好的朋友，要奉行無爲哲學，誰要是在交往中只注重交往對象的使用價值，勢必會被套上「勢利」的帽子。

其實，你大可不必這樣想。區別性地對待自己的人脈關係，已經成了生意場上的潛規則，這項潛規則的含義是：我們必須對影響或可能影響我們前途和命運的百分之二十的貴人另眼相看，在他們身上，我們要花費百分之八十的時間、精力和資源。

這並不違背交友的初衷。我們交友無非是出於三個原因，即資訊共用、情感溝通和相求相助。假如一個人既不能跟你資訊共用、感情溝通，也不能同你相求相助，你會跟他做朋友嗎？肯定不會。所以，我們與人交往，也要多考慮自己的人脈是否能爲自己所用，以及能對自己起到多大的作用，是否能滿足自己事業的現在或將來某段時間的發展需求。如果有這樣的人，一定要設法挽留，並盡可能地使之忠誠於與自己間的友誼，使之跟自己的關係更加密不可分。

「朋友」，說白了，就是你幫我、我幫你，大家共同提高，互爲有利。而每個朋友給你的幫助有多有少，於是「二八原理」得以產生。爲什麼有的人，對自己的人脈付出巨大，但回報甚微呢？因爲他本末倒置，沒抓住事情的重點。

用「二八原理」經營人脈，你的人脈才能發揮出最大的能量，你事業的成功往往就是在這時爆發的。這便是關係所起到的妙用。

什麼是「關係」？關係，就是你的人脈。當你的人脈能夠交織成網，無論做什麼事情，你都能從這張關係網上找到可供運用的地方，那麼生意場上將沒有做不到的事情。

但是，人脈也有好有壞。有的人整天忙忙碌碌，爲了應酬、維持自己找來的關係而叫苦連天，網織得雖大，但漏洞百出，而且死結連連，貌似壯觀卻不實用，撒進水裡也網不到魚。

這裡犯的錯誤就是「濫交」。交友不可濫交，人脈不可濫立，建立關係網也要有選擇。人的精力終歸是有限的，你一攬子照收，精華、渣滓全跟著進來了。

在挖掘更深層關係的時候，你可以按照以下步驟進行：

第一步是篩選，適當的時候找適當的人。

第二步是排隊，要對自己認識的人進行分析，列出哪些人是最重要的，哪些是稍次之的，哪些人不是很重要，根據自己的生意需要進行排隊。這樣，你就可以決策哪些關係需要重點去維護，哪些只需要保持一般聯繫，合理安排自己的精力和時間。

第三步是對關係進行分類。因爲你的生意場要涉及各方面、條條框框，你需要很多方面的資源，有的關係可以幫助你辦理有關手續，有的能夠幫助你出謀劃策，而有的則只能爲你提供某種資訊。根據其作用的不同，對其進行分門別類，有了這一步準備，你才可能有效地利用這張網，知道在什麼情況下打什麼牌。

當然，建成了這張網還不算完事，你還得不斷查缺補漏。因爲隨著人事更迭，一張本來完整的網，會有各種變化，難免會有漏洞，這就需要不斷地更新你的人脈網路，不斷調整你手中的牌，重新進行排隊和分類，不停地刷新你的人脈網。如此，這張人脈網才能保持一直有效。

8 事業成功可用的關係網

要想創業成功，就必須要有一定的條件，擁有一定的資源。

創業者所必需的資源，可分爲外部資源和內部資源兩部分。內部資源主要是創業者個人的能力，是指他所佔有的生產資料和知識技能，即有形資產和無形資產，只不過這種有形資產和無形資產是屬於個人的。創業者的家族資源也可以看作創業者內部資源的一個部分。擁有一個良好的內部資源，對創業者來說十分重要，但內部資源是自然存在的，對創業者的成功並沒有起到決定性的作用。

影響創業者成功的是外部資源的創立。外部資源最重要的一點是人際關係資源的創立，也就是指創業者構建他的人際網路和社會網路的能力。創業者如果不能在最短時間內建立起自己最廣泛的人際網路，他的創業一定會非常的艱難，即使他能夠在最初的時候依靠自己的領先技術或者是自身的素質，比如吃苦耐勞或精打細算來獲得某種程度上的成功，他的事業也無法做大。

要想事業取得成功，可以利用的人際資源按其重要的程度可分三大資源：

◎同學資源

我們進入學校，是爲了學知識，但交朋友也不可忽視。而對於那些「成年人班」，如企業家班、金融家班、國際MBA班等班級的學生而言，交朋友要比學知識更重要。一些學校也看到了這一點，他們在招生簡章上會明白無誤地告訴對方：擁有某某學校的同學資源，在這裡將爲你開創一生中最寶貴的財富。

現今，帶著商業或功利的目的走進學堂，已經成爲一種趨勢，並沒有什麼不妥當的地方。同學之間接觸較密切，對彼方較瞭解，同時因爲少年人不存在利害衝突，成年人則大多數從五湖四海走到一起，彼此也甚少存在利害衝突，建立的友誼都較可靠，純潔度也很高。對於創業者來說，同學關係是值得珍惜的一個最重要的和有利的外部資源。

◎戰友關係、同鄉關係

和同學關係比較相似的，是戰友關係；可以和同學、戰友相提並論的便是同鄉關係。共同的人文地理背景，使老鄉有一種天然的親近之感。曾國藩在用兵的時候，只喜歡用湖南人；中國歷史上最成功的兩大商幫，徽商和晉商也是老鄉關係的結合體，正是因爲他們同鄉之間互爲犄角、互爲支援，才使晉商和徽商在歷史上那麼的輝煌。

◎職業人際資源

對創業者的成功作用最明顯的是職業人際資源。充分地利用職業人際資源，首先要從職業資源入手，做到創業活動「不熟不做」的教條。在你熟悉的職業中進行創業，才能更好地取得成功。

有名的寶供物流，創始人劉武原來也是供銷社的一名「社員」。他先是被單位派到廣州火車站從事貨物轉運工作，後來自己承包轉運站，利用工作中建立的各種人際關係，創立了他現在的事業——寶供，他還通過各種關係和寶潔公司做起了生意。自從成爲寶潔的物流配送商後，劉武便一舉成爲國內物流業的名人。

有見錢眼開，不如說眼開見錢，眼界開闊才能看見更多的錢，賺到更多的錢。有空一定要到處去走一走，多和朋友談一談。要知道「機遇只垂青有準備的頭腦」，廣交朋友，有助於開闊自己的眼界，這也是爲你的成功做最好的準備。

9 多個選擇多條路

在商場這個看不見硝煙的戰場上，如果你沒有足夠豐富的人際關係資源，可以說是寸步難行。因爲在人際關係這張網上網織著的都是你的關係，如人緣關係、業務關係，甚至還網織著你的辦事管道、資訊來源等，這些都事關你的成功。

想要幹出一番事業，你就必須做好社會關係的儲備。商場上創業是這樣，其他的事業也是這樣，比如你要在政界、演藝界發展，或者你要當一名律師或醫生，處理好人際關係和社會關係都是必不可少的準備，而且準備得越多越好。只有這樣，你的創業步伐才能更快一些，這已是一個很明顯的社會事實。

所以，明智的創業者，在創業以前，如果他已經有意於在某個行業發展，他就會盡自己的最大力量去結識這個行業裡的知名人士，虛心向這些知名人士或成功人士請教，聆聽他們的教誨，討要他們的名片，還會把這些作爲重要的資源儲備起來，以便於在將來發揮作用，並且以此來幫助自己解決許多實際的問題。

那麼，怎麼才能更好地儲備社會關係呢？下面有一些好的方法和原則可以借鑒。

第一，學會與不喜歡的人打交道。

在和他人交往的過程中，我們會碰到各種類型的人，其中有你喜歡的，也有你不喜歡的。對於你喜歡的人，交往親近起來非常容易，但要和自己不喜歡的人建立起良好的關係就沒那麼簡單了。

同不喜歡的人打交道，要儘量從其身上找到優點，用包容的心態對待他的缺點。但也有可能有些人身上缺點和毛病太多了，讓你沒有辦法找到他的優點，或者

是無法包容他的缺點。對待這樣的人，你要做到喜怒不形於色，不當面指責或者指出他的毛病，儘量避免和他發生正面衝突。這樣做可以避免很多不必要的麻煩。

第二，要多和社會各界的名流人物建立關係。

社會名流都是在社會上很有影響力的人。這些人本身就很神通廣大，再加上他們交友廣闊，辦起事來容易，若能與這些人建立良好的個人關係，無異於爲我們的創業插上了騰飛的翅膀。所以，能夠交往到這樣的人，對我們事業的成功是一件很有益的事情。

但是，這些名流都有他們自己固定的交際圈，一般人很難進入他們的圈子，特別是一些沒有良好的社會背景的無名之輩，要想結交這些人更是難上加難。但是難並不代表沒有可能，你可以托人引薦，多參加社會公益活動，多出入名流常常出入的場所，這樣做，你就會有機會結交到這些社會名流。

當然，在結交這些社會名流時，還得注意給對方留下一個好的印象，千萬不要死纏著別人不放，這樣做只能得到相反的結果。與這些人交往，想一次就建立起良好的關係很難，應多製造一些機會，通過多次的接觸建立較爲牢固的關係。

第三，儲備人際關係還要注意一點：不要嫌禮多。

俗話說，禮多人不怪。不管你和什麼樣的人交往，都要注意到禮節，這也是儲備人際關係時必須掌握的一個很重要的原則。當然，和有身分的人交往，這一點很容易就能做到，因爲對方的權勢、地位、實力足以使你產生敬畏，讓你在不知不覺中注意到禮節。

但是，很多人在交往的時候往往會步入這樣的一個誤區：他們不拘於禮節。他們認爲，如果太和朋友講禮節、論客套，會傷害到朋友的感情。他們並沒有意識到，朋友關係也是一種人際關係，任何人際關係能夠存續下去的一個重要的前提就是要懂得相互尊重，容不得半點強求。禮節和客套雖然煩瑣，卻是相互尊重的一個很重要的形式。離開了這種形式，朋友之間的關係便難以長久地繼續。

無論你的專長是得自於專業訓練或者是業餘摸索，都可轉化成一股強勁的「人際關係動能」。你的人際關係資源越豐富，賺錢的門路也就越多；你的關係層次越高，你的錢就來得越快、越多。這已經成爲了有目共睹的事實。

第四，冷廟也要燒熱香，晴天也要留雨傘。

你在工作中的最大收穫不只是你賺了多少錢，積累了多少經驗，更重要的是你認識了多少人，結識了多少朋友，積累了多少人際關係資源。這種人際關係資源不僅對你現在的工作有用處，對你以後的人生都將有莫大的幫助，即使你想創業，它也是你創業的重大資產。

但是有很多人由於平日拜冷廟，等有事的時候，卻不知如何向別人開口，原因何在？就在於由於生活上的忙忙碌碌，他們沒有時間進行過多的應酬，日子一長，就把許多原本好不容易建立起的牢靠關係變得鬆懈了，使朋友之間逐漸互相淡忘。

因此，我們要珍惜人與人之間寶貴的緣分，即使再忙，也別忘了溝通感情，加固我們好不容易建立起來的關係網。

首先，經常與每一個關係網中的成員保持聯繫。無論是通過電話、傳真、聚會、電子郵件或信件都可以。

其次，珍惜商務旅行的每次機會。

如果你旅行的地點正好鄰近你的某位關係成員，最好不要忘記提議和他共進午餐或晚餐。

再次，記住那些不常見的朋友的名字。

當多年的老朋友出現在你面前時，清晰而響亮地叫出他的名字，將是最好的歡迎。它說明無論相隔多少年，你仍然記得友情，仍然關注他；相反，兩個感情誠篤的老友多年未見而邂逅相遇，如果有一個叫不出對方的姓名，則很有可能引起不快，甚而會在對方心頭蒙上一層陰影。

幾乎沒有一個人不希望自己的名字被人記住。古今中外，莫不如是。

最後，恰如其分地感謝，也是一種加固人際關係的方法。

致謝不只是眼前一聲簡單的道謝，它更是建立長期「特殊關係」的一項前提條件，是個人交流和合作中的核心元素之一。不致謝或很少表示謝意的人，往往很難贏得他人的尊重、支持和好感，更難有長期的「同類回報」。

在商業圈中，真誠而恰如其分的感謝現在還不算是普遍現象。即使是工作努力投入，業務成績相當出色的人，恐怕也不常聽到該得的感謝聲。在你的朋友中隨便挑一位，想想有誰會對他的努力感激於懷呢——他的搭檔、同事、上司，抑或他自己的客戶？很少有人謝他。私人交往中的情況也是如出一轍，做出的「成績」和得到的感謝常常不能成正比。你只需看一看就會明白：當你爲了邀請親朋上門參加派對，一次招待需耗費多少時間、金錢和心思，而又有幾個朋友會在致謝時體恤地提及你的心血和辛勞呢？再想一想：多少位家庭主婦日復一日地重複著單調的家務，把一切收拾得井井有條，而其家人卻對此熟視無睹、司空見慣，想起感謝她們的又有幾人呢？

對你身邊的人來說，坦率和真誠的致謝是難得的經歷，他們一定會欣喜不已地接受你的感謝，並長久地保留在記憶中。

當你向身邊的人們道謝時，你自然會歷數對方的成績和辛勤付出，或是你欣賞他們的地方。這就等於送去了一份不薄的「禮物」。你讓他們意識到這是一次成功的經歷，使他們體會到了成就和愉悅。

同時，你也告訴了他們：你並不是在坐享其成地「利用」他們的成績，致謝總是個積極有意義的舉動。從你那裡得到過一次感謝的人，會希望將來再次感受到你的謝意和肯定，因爲對方看到了自己的努力能夠被你認識和賞識。你的衷心感謝也會換來他的真心相報，日後，對方還會很樂意爲你出力，幫助你。

其實，在很多的場合下，致謝是一種禮儀性的「結束語」，比如完成一個業務項目時，你的致謝同時也給顧客留下了最後的美好印象和感覺，也給你提供了一次機會，展望下一步的計畫。

所以，一次恰當而有力的當面致謝可以爲你「搭建」一座順利通往下一次的「橋梁」。如果在你需要聯絡或偶遇對方時，前一次的致謝可以提供你一個關鍵性的「紐帶」。對方也會一直記得你對他的好意，記得前次與你所談的事情。少了這樣一座「橋樑」，你就得從頭尋找其他的「紐帶」或聯繫「突破口」，還得努力建立關係，到那時要花的力氣可就大得多了。

第六章
愛侶的選擇

在結婚前，你一定要知道，人的一生中會遇到三個人，一個你最愛的人，一個最愛你的人，還有一個和你共度一生的人。

然而遺憾的是，這三個人在大多數情況下都不能合而為一。你最愛的，沒有選擇你；最愛你的，往往不是你最愛的；而最長久地陪伴你、和你步入婚姻的，偏偏不是你最愛的，也不是最愛你的，只是在最適合的時間出現的最適合你的那個人。

1 適合你的就是最好的

很多時候，人們都會傻傻地想，如果林妹妹歡天喜地嫁給了寶哥哥，或者梁山伯真的如願以償地娶了祝英台，他們會不會永遠幸福下去？爲什麼童話裡講到王子和灰姑娘從此幸福地生活在一起後，故事便戛然而止，沒了下文？

別人給你介紹對象，首要條件就是看看你們兩個是不是門當戶對，是不是才貌般配。在老一輩人看來，結婚是兩個人在一起過一輩子的日子，只有兩個合適的人，才不會有那麼多的磕磕碰碰、吵吵鬧鬧，才能開開心心、天長地久、白頭到老。

看看周圍，比比皆是相依爲命、牽手到老的平凡夫妻，愛到生死相許的兩個人反而因各種各樣的原因難成眷屬、難以白頭。這到底是爲什麼呢？

只能說，愛得死去活來、驚天動地的戀人並不適合做夫妻，他們的婚姻比普通人存在更大的風險。因爲愛得越深，對方就會成爲你目光的焦點，你無時無刻不在關注著他的一言一行。有時沾沾自喜，有時患得患失，一旦有什麼不能做到盡如你意，沒有給你預期的回報，你就會失落、埋怨，「我對他付出了那麼多，爲什麼他總是視而不見、無動於衷？」

這是很多戀人和夫妻間的問題，因爲太愛，所以不能用平常心來看待，搞得自己疲憊不堪，也把對方打入了痛苦的深淵。太多的愛，累了自己，也傷了別人，得不償失。最後，愛情在瑣碎生活的磨礪中消失殆盡，有情人落得分道揚鑣的傷感結局。

婚姻裡，要的就是合適。所謂合適，代表的是一種很舒適的狀態。兩個人在一起輕鬆快樂，沒有壓力，那樣才可以保持永遠的活力和熱情。太多的牽扯會消耗過多的心力，讓愛情在凡俗日子裡迅速衰老，直到死亡，直至屍骨無存。

很可能因了舒適，便產生習慣；因了習慣，而造就平淡。沒有了三天一吵、兩天一鬧，也就沒有了刻骨銘心的愛與恨，所以就有了更多的寬容和諒解，更多的相濡以沫、恩恩愛愛。

決定嫁（娶）給一個人，只需一時的勇氣；守護一場婚姻，卻需要一輩子的傾盡全力。因爲，愛情可以高雅到不食人間煙火，就如瓊瑤書上寫的：只要兩情相悅，無燈無月何妨；而婚姻卻要腳踏實地，苦樂與共的和愛人攜手走完一生的日子。

婚姻的緣起，除了愛情，或許還有最現實不過的相依爲命。你最後選定了要一起走下去，並真的在同行的過程中相扶相持、白頭偕老的那個人，未必是這世上最好、最優秀的，卻一定是這世上最適合你的。

什麼樣的戀愛對象才是最適合自己的？心理學家發現，很少有年輕人會認真、深入地思考這個問題，他們基本都是「跟著感覺走」，對方漂亮、身材好，看著賞心悅目，與朋友聚會時「帶得出手」就足夠了，至於對方的品性、內在卻很少考慮。這樣做的結果，往往是給自己未來的婚姻生活帶來無盡的痲煩。

你有沒有注意過這樣的婚姻現象：一個看上去極帥的丈夫身邊，卻走著一位相貌平平的妻子；美麗的窈窕淑女，卻偎在一個武大郎似的丈夫身邊；精明能幹的女經理，嫁給了老實巴交的小學教師；才華橫溢的男作家，終身與一個普通女工爲伴……

這樣的婚姻組合令人吃驚，但最令人吃驚的是：那些看上去似乎並不般配的夫妻，卻充滿了幸福的感覺。奧秘就在於，他們有這樣的一種心態：也許我不是最好的，但我是最適合你的。

「最適合你的」這份自信，使他們心情寧靜地生活在自己的婚姻裡。

你有這份自信嗎？當你面對自己的意中人，是否能夠把握十足地說出「我是最適合你的」？

與此同時，瞭解伴侶對自己的適合性，也可使你及早從沉迷中蘇醒，從而避免一個不幸婚姻的產生。

我們只有在適合自己的異性身邊才會感到心緒寧靜，才能得到自我價值的肯定。事實上，我們大多數人都過多地注意了兩人的相似，而忽略了兩人的差異。

一個愛發表見解的人，最得意的不是跟一個同樣愛發表見解的人談話，而是跟一個專心傾聽的人談話。這人會一輩子做你忠實的聽眾，讓你覺得自己很重要；相反，如果找了同樣愛發表見解的人，早晚有一天，彼此會各不相讓地爭吵不休。

情侶雙方交往的最佳境界，是各自保持自我的完整。選一個能與你互補的、最適合你的異性，只有真正適合自己的才是最好的！

2 愛情如「衣服」，你選哪一件？

有人喜歡連身裙的簡單，也有人喜歡晚禮服的複雜。那麼對於愛情，是選連衣裙般簡簡單單的真實，還是選晚禮服般轟轟烈烈的華麗呢？

愛，在雙方引起的許多個微不足道的動作裡，從來就沒有固定的模式，可以是任何一種平淡無奇的形式。花朵、浪漫，不過是浮在生活表面的淺淺點綴，在它們的下面才是我們真正的生活。任何一份愛情都是這樣的，當海誓被填平，當山盟被移動，當甜蜜隨風而去，當激情漸漸平息，當浪漫情懷不再，當最初的溫柔體貼消逝……愛情，終究會歸於平淡！

「愛情如果不落實到吃飯、穿衣、數錢、睡覺這些實實在在的生活中去，是不容易長久的。」也許很多人不願意承認三毛的這句話，但是她的確說出了一個確實存在的事實。只有當一對男女在漫長而又平淡的生活中，在普通得不能再普通、瑣碎得不能再瑣碎的吃飯、穿衣、數錢、睡覺這些事情中還能感受到彼此的愛意時，他們的愛情才是真正可以天荒地老的愛情。

「再濃烈的愛情也會歸於平淡，愛情最終會轉變爲親情……」當愛情轉變爲親情，很多的付出和接受已變成習慣，變得理所應當，甚至有時候已經忘記了感動。

可是，愛情到底是什麼呢？在一般人看來，愛情最通俗的解釋應該是：「一對男女，互相喜歡。」可是喜歡的類型很多，爲什麼一對互相喜歡的男女之間會有海誓山盟、甜言蜜語，會有激情澎湃、浪漫情懷、溫柔體貼呢？

最初的愛情會給人一生中最玄妙的感覺、最美好的記憶，這是任何親人和其他朋友都無法給予的。正是因爲這樣，處在愛情初始階段的人們總是神魂顛倒、或癡或傻。到現在爲止，沒有人能對這種現象做出最準確的解釋，但它確實存在，在這樣一個充滿了金錢、權利、名利之爭的世界中，讓正在愛著的人們得到片刻的原始與純淨。

於是，沉浸到這樣一種既真實又虛幻的甜蜜中，享受著莫名其妙的興奮與傷感，憧憬著更加美好而幸福的夢境……就這樣，很多人陷入這樣的感覺中時，並沒有想到，當時間隨著青春一起走過，愛情終究會歸於平淡。當平淡的愛情到來，很多人會失落，會傷感。當回憶起和愛人一起走過的激情燃燒的歲月時，他們也許會

問：「那個曾經和我在夕陽西下散步的人哪去了？」

當愛情歸於平淡，你不會天天把愛和想念掛在嘴上，但卻沉澱在心裡；當愛情歸爲平淡，短信變得越來越短，也越來越家常，但難掩彼此的關心；當愛情歸於平淡，你會在對方面前暴露一個最真實的自己，偶爾會有爭吵，但爭吵過後，依然覺得彼此是今生的最愛，是生命中不能缺少的部分。

當年輕時那炙熱如火、驚天動地的愛情歸於平淡，轉化爲親情時，你不會覺得那是對愛情的褻瀆，而是很踏實地享受著這份如同親情般的愛情。這樣的愛情，多了一份理解和寬容。當愛情歸於平淡，不要去抱怨，要學會享受平淡中的愛情。

3 面對一見鍾情時

「一見鍾情」是否可取，是年輕人在涉足愛河過程中，經常遇到的一個問題。

在人類歷史長河中，確實有許多一見鍾情的佳話。賈寶玉和林黛玉相遇「似曾相識」，羅密歐和茱麗葉初見「相見恨晚」，《西廂記》中，張生和崔鶯鸞的故事被傳頌千古！誰能斷言一見鍾情不能締結美滿姻緣呢？

從心理學角度來看，一見鍾情是一種正常的心理現象。當一個人進入青春期以後，便會自然萌發對異性的嚮往和追求，從自己的審美標準朦朦朧朧地憧憬起理想中的情人。

比如，許多女性爲偶像明星所傾倒，希望自己未來的丈夫是高富帥，當你在生活中遇到符合理想的人物時，你便會立刻把他納入理想模式，然而，好感畢竟屬於感性階段的心理活動，把好感當作愛情，是對愛情的誤解。

愛情是人類特有的精神現象，動物的性活動並不選擇特定的異性對象，人則不同，人的意識、情感、志趣、價值定向等複雜的精神生活決定了選擇配偶的複雜性。從這個意義上講，愛情是伴隨著對對方的細心觀察、冷靜思考、慎重審度、誠心培養而產生的。

一個人的品格、才華、修養會透過他的舉止言談表現出來，在理想模式正確、觀察能力強的前提下，不能說沒有可能在三言兩語、一顧一瞥中做出準確的判斷，覓到理想的知音，但一見鍾情畢竟是處於認識的感性階段的心理活動，這種感情大

多產生於對對方外表、舉止的愛慕之上，這種愛慕遠遠談不上深入到人的本質，因此，一見鍾情締結的婚姻，十有八九並不美滿。

心理學家認爲，判斷男女雙方是否適合「牽手」，應考慮以下十個因素：

第一，彼此都是對方的好朋友，不帶任何條件，喜歡與對方在一起。

第二，彼此很容易溝通，互相可以很敞開地坦白任何事情，而不必擔心被對方懷疑或輕視。

第三，兩人在心靈上有共同的理念和價値觀，並且對這些觀念有清楚的認識與追求。

第四，雙方都認爲婚姻是一輩子的事，而且雙方（特別強調「雙方」）都堅定地願意委身在這個長期的婚姻關係中。

第五，當發生衝突或爭執的時候可以一起來解決，而不是等以後來發作。

第六，相處可以彼此逗趣，常有歡笑，在生活中許多方面都會以幽默相待。

第七，彼此非常瞭解，並且接納對方，當知道對方瞭解了自己的優點和缺點後，仍然確信被他所接納。

第八，從最瞭解你也是你最信任的人處得到支持的肯定。

第九，有時會有浪漫的感情，但絕大多數的時候，你們的相處是非常滿足且自由自在的。

第十，有一個非常理性和成熟的交往，並且雙方都能感受到，在許多不同的層面上，你們是很相配的。

4 選擇愛情，還是選擇面子

在面子與愛情面前，究竟孰輕孰重，答案無非有兩個：愛情第一，拋開一切世俗，為了所愛，奮鬥到底，最後得到自己的幸福；面子第一，無止境地活在自己的虛擬愛情中，痛苦、惆悵都自己咽在肚子裡。

愛情重要，還是面子重要？很多人會回答愛情重要。但實際遇到了，又有幾個人能拋掉面子問題？面臨對愛情和面子的選擇，瞬間的顧慮，就有可能使你錯過愛情，留下永遠的悔恨。

讓大家都知道自己的單相思，無疑是非常失面子的。所以，不少人走到愛情的十字路口時，被「面子」設置的路障給嚇退了回去。

選擇，有時是讓人無奈的、讓人痛心的。如果不想面臨選擇的困境，我們就要學會去把握愛情與面子的原則與尺度，不要讓它們去碰撞，而要讓它們成爲攜手並進的「好朋友」。

君不見，那些本來情投意合的情侶，曾經那般海誓山盟，到頭來都因一些客觀原因而勞燕分飛。比如，在學校情投意合，後來因工作的原因、兩地的距離而分手；因事業的不同，一方升職加薪，而另一方卻還是原地踏步，事業不見起色，社會地位的平等也會引起分手。

共患難易，同享福難。婚戀愛情中，又何嘗不是呢？早期的相識在貧困中，兩人容易同心共赴時艱，粗衣淡食，甘之如飴；一旦發達，便會生出很多的是非，這時，各種的不如意都隨之而來，比如品味、層次、共同語言等。

愛情是很美好的，但是一旦和其他的東西聯繫起來，便又是另一回事了。我們不是苦行僧，誠然，愛情沒有一定的物質基礎不行——俗話說：「貧困夫妻百事哀。」但如果愛情只剩下更多的名利和財富，甚至當其需要靠虛榮來維持的時候，那樣的愛情只是一種純粹的交易。

5 從選擇「缺點」開始

一個人到了談婚論嫁的年齡，如果正好遇到「非他不嫁」、「非她不娶」的那個人，那真是上天賜予的福分。不過，很可惜，這種幸運並非人人都能擁有，於是就得在幾個候選人中選擇出最優秀的一個。退一步來說，有得選擇，其實已經很幸運了。

但人們習慣性地總是先挑優點而忽略缺點。看看滿眼的徵婚條件：「大學學歷以上，身高一百七以上，有房產，有事業心，有責任感，重感情……」提的都是優點。但是一個人不可能只有優點而沒有任何缺點，只注意優點而不正視對方缺點的婚姻自然不會穩固。

缺點有先天所致，也有後天養成，身體上的缺點一般無法改變，而生活上的壞

習慣也很難更改。既然你只能選擇一個，那麼最好先從缺點開始選起。

6 放手的智慧

很多人為情所困，看不清楚自己的情感，總是抱怨對方為什麼不選擇自己；也不懂得捨棄那份得不到的感情，去追尋更廣闊的天地。

一個人懂得捨棄，便會懂得權衡。如果捨去的東西比得到的代價要大，那便是得不償失，又有何意義可言呢？

牽手是一種幸福，是那種幸福得甜到心裡的感覺；放手是一種勇氣，也會有快樂，也很美麗。

當一段愛結束，當彼此都疲倦的時候，放手就是一種解脫。

面對一份已經無愛的感情時，當斷則斷，方顯愛情本色。沒有愛情的日子並不代表快樂會遠離你，換掉一份不屬於你的愛情，你就不會在愛的痛苦中迷失自己，反而可以面對新的選擇。

換掉一份過期的愛情，是對你自己和她（他）負責。愛情過期就換，說起來容易，做起來也不難，但是情總會傷人（除非你沒有付出真感情）。既然如此，就要在擁有時好好珍惜，不要總犯「曾經有一份真誠的愛情放在我面前，我沒有珍惜，直到後悔莫及，如果上天再給我一次機會……我願意是一萬年……」的錯誤。

在愛情面前，你可以很專一，但千萬不要愛錯了對象。如果他或她不值得你癡情地去愛，如果他或她只是視愛情爲遊戲，那你可要擦亮眼睛，趁早離開。

愛情是兩個人的事，當它變成一個人的一廂情願時，不如換掉，誰願意去做那只撲火的飛蛾？不要沒原則地去愛一個人，雖然愛情常常會讓人失去自尊，但如果完完全全失去自己，這種愛情不要也罷。

面對一份過期的愛情，最不可取的態度就是拖拖拉拉、猶豫不定。我們希望愛情像恒星般永恆，而不是像煙花那樣只有霎時的美麗。可是很多時候，愛情並不像我們期待的那樣。曾經以爲，想要遇見的這個人會是自己一輩子的依靠，會是一輩子牽手的人，然而，我們的愛情卻因一個人的離去而無法繼續。可是，你仍舊惦記著昨日的風花雪月，捨不得離去，捨不得放手。殊不知，有一種幸福是放手。既然發現已不適合，已無法再繼續，已不如自己所想的那麼美好，又何必甘冒風險，爲了一種莫名的堅持而欺騙自己呢？

放手，即放開你緊抓住的、實際上並不適合你而你卻自認爲已經找到的幸福。也許在你看來是件難事，緊握的豈能說放就放，割捨心頭之愛哪有那麼容易的。但是，你可以借助另一隻手，將你不肯鬆開的手指一根一根地掰開，也許會很痛，但痛楚過後就會有解脫的喜悅。所謂的另一隻手，則是在你把握不定是否要放手時，傾聽自己心底的聲音，來幫你做決定，它或許不是最好的，卻是最真實的。

放手的人是明智的，因爲他們懂得珍惜，不管是在戀愛時還是分手後。

誰也不願愛情如煙火般短暫寂寞，但是如果它不在了，就千萬不要強求。爲什麼要讓自己的心被禁錮，讓自己的心感傷呢？就像買一件華而不實的衣服，卻永遠都不去穿它，這樣的愛情沒有值得珍惜的價值。

誰說喜歡一樣東西就一定要得到它？很多人，爲了得到自己喜歡的東西，用盡各種方法，甚至不擇手段，卻忘了在得到它的過程中也失去了更多的東西。他們失去了自己的青春、精力，或許還錯過了真正適合自己的更美好的東西。誰說喜歡一個人就是要和他天長地久？喜歡一個人就要讓他快樂、幸福，讓他得到屬於他自己的愛。他的喜怒哀樂、一舉一動都會牽動你的心緒，他不高興了，你就算得到他又有什麼用呢？很多人苦苦追尋了一輩子，到頭來卻發現並不如自己當初想像中的美好。

不要輕易放手，但是一旦放手就不要輕易地回頭。放了對方，也放了自己，給彼此一個新的未來。

7 選擇愛情不等於放棄其他情感

如果愛情成了生命的不可承受之重，那麼愛情也就失去了意義。愛情只是眾多情感中的一種，除了愛情，我們還有很多東西，比如親情、友情等。是的，親情和友情可能沒有愛情那般熱烈與浪漫，卻陪著我們從生命的初始階段一路走來，並將陪我們走到生命盡頭。

我們可以保證親情的不離不棄，卻保證不了愛情的海誓山盟；我們可以保證友

情的相濡以沫，卻保證不了愛情的同甘共苦。既然如此，就好好珍惜我們的友情和親情，不要只是把愛情放在首位而忽視了它們。

「殉情」爲愛而死是何等的悲哀，因爲愛情只是生命的一部分。沒了愛情，生命依然可以繼續；但是沒了生命，一切都將結束，我們又該拿什麼去談情說愛？沒有人有權利因爲愛情失意去剝奪鮮活的生命。

愛情容易使我們變得瘋狂，變得不顧一切，可是歷經大風大浪的愛情真的能夠長久嗎？當曾經熱烈瘋狂的愛情在生活中逐漸褪去浪漫的色彩，當我們逐漸恢復平靜的思考，我們真的不會爲付出的一切而後悔嗎？所以，我們需要的是理性的愛，而不是吞噬一切的愛。更何況愛情的最終不又是親情嗎？

愛情應該是激勵我們奮鬥前進的動力，可是正值青春年華的我們又是怎樣爲愛奮鬥的呢？而現實中又有多少的大學生甚至高中生爲了所謂的愛情整日不思進取，渾渾噩噩，荒廢了學業。某些人一旦染上愛情，就會變的不求進取，整日想著怎樣製造浪漫，怎樣和對方約會，這也是職場中一直以來忌諱「辦公室戀情」的原因。

記得某位哲人曾說過：「真正的愛情是催人上進的，而不是使你沉迷其中。」

所以，愛情應該是兩人共同奮鬥追求的連接點，而且唯有努力奮鬥去創造新的生活，才能使愛情更加的穩固與美好。

愛情是感情的駐紮點和寄託。愛情之所以存在，不僅是因爲人類的繁衍生息，更重要的是它可以使我們的生活更加和諧美好。如果因爲沉迷愛情而影響正常的生活，那這個所謂的愛情對我們又有何意義呢？

當然，美好的愛情需要我們的珍惜與呵護，但是並不意味著我們要爲愛情放棄一切，因爲生活不只是由愛情來主宰。我們需要美好的愛情，但不能爲了愛情而貿然地對其他感情說「不」。生命裡的一切我們都該珍惜，確切地說，我們沒有依據排出它們在生活中的重要順序。請珍惜生活中的點點滴滴，別讓衝動的愛抹殺了我們生命中不可或缺的東西。

每個人都渴望有一份完美的愛情，但並不是每個人都清楚完美的愛情的定義是什麼。完美的愛情是建立在完美的生活基礎之上的，完美的愛情也不需要讓你把一切都忽略掉。

「愛情是生命的火花、友誼的昇華、心靈的吻合。如果說人類的感情能區分等級，那麼愛情該是第一級的。」這是莎士比亞曾經說過的一句話。雖然這句話爲愛情排了等級，但這裡所說的愛情指的是理性的愛情，催人上進的愛情。所以，歸根結底，愛情還是服務生活的。

愛情雖然美好，但不是我們的全部，更不是生活的主宰。希望每一個人都能理性地對待愛情，那樣我們在有生之年回憶起往事才不會後悔當初的衝動與莽撞。

8 愛情與婚姻的抉擇真諦

夫妻間最幸福的事，就是兩個人一起慢慢變老。

愛情是美好的，婚姻是實際的。遊走在愛情與婚姻的交叉口，不同的人，會做出不同的抉擇。當愛情面臨婚姻的抉擇，有一部分人會尊重父母的意見，因爲他們聽父母的話聽慣了；還有一部分人，因爲傳承了「門當戶對」的傳統觀念，結合自身條件，比上不足，比下有餘，通常會遭遇「高不成低不就」的局面。

後者通常從愛情的開始階段，就非常理智。他們有自己的「目標」群，不是光靠感覺，他們首先會從是否般配這個角度去衡量這場戀愛是否值得一談。當然，還有一部分人，愛情與婚姻的抉擇於他們而言，就是精神與物質的抉擇。他們對對方的感情不是很深刻，除此之外，對方各方面的條件都還不錯，而自己又到了談婚論嫁的年齡，「差不多」就可以了吧……

凡此種種，都是人們選擇婚姻的初衷，我們似乎很難再聽到「是因爲很愛很愛一個人才結婚」的論調。愛情的開始只是喜歡，喜歡的東西總是讓人難以拒絕，喜歡就應該長相廝守。可是爲什麼越來越多的人在面臨結婚與否的問題時顯得迷茫和困惑？婚姻的抉擇真諦到底是什麼呢？

婚姻並非兒戲，它是神聖的、聖潔的。但婚姻生活又是具體的、瑣碎的，而且總會有這樣那樣的不足和缺憾。因此，遊走在愛情與婚姻的交叉口，一定要三思而後行：我爲什麼要走進婚姻？我有充足的心理準備去面對日後婚姻有可能出現的種種問題嗎？如果你能想清楚這些問題，那麼，在選擇婚姻時就不會那麼盲目和輕率。完美的婚姻意味著對自己負責，對家人負責，對愛情本身負責，甚至對下一代負責，因爲慎重選擇、深思熟慮過，我們就有理由讓自己、讓大家看到更多幸福的

曙光，不是嗎？

結婚以後，無論貧困還是富裕，你都不能迷失了自己，你必須時時充實自己，培養良好的審美取向和對生活的熱愛，學會欣賞自己、信任對方……同時，你也應該明白，人生之路，不會總有枝繁葉茂的樹、鮮豔奪目的花朵、蝶足蜂舞的美好景色，也會有阻擋在前的高山和荒涼的沙漠；不會總有陽光照耀下繽紛的色彩，也會有陰天時的迷霧重重。生活中的磕磕絆絆、吵吵鬧鬧、坎坎坷坷都是難以避免的，只要對方沒有犯什麼原則性的錯誤，就不要隨隨便便地說離開，不要輕易地就對曾經暗暗憧憬過無數遍的美好婚姻失去信心。既然走到一起，既然朝朝暮暮地在一起生活，就要抱定相伴一生、白頭偕老的愛情決心。

看到那些老年夫婦互相攙扶著行走在黃昏的風中時，難道你不會心生嚮往嗎？他們一路風雨，陪著對方慢慢地變老，一定有許多曲折動人的故事不斷上演，而這些故事中最讓人感動的莫過於關於婚姻的詮釋了——一旦認定了彼此，一旦無怨無悔地步入了婚姻的殿堂，就應好好地經營自己一生的幸福。

9 接受愛情和婚姻的落差

人生本來就充滿了各種缺陷，完美只是我們的想像，婚姻也是如此。戀愛的時候，我們總是把對方想像得過於完美，但隨著婚姻的到來，我們越來越發現曾經的愛好像沒有了，有的只是不停地抱怨與不滿。到底是什麼導致了我們的這種心態呢？

有這樣一句話：「不要因爲失去月亮而哭泣，因爲那樣你會失去整個天空！」對於婚姻也是如此。每一個婚姻都有它的缺陷，如果你要求太過完美，你也會失去整個婚姻，進而感覺不到幸福的存在。

如果說渴望完美是人天性中亙古不變的欲求，那麼欣賞缺陷就是智慧：它告訴我們完美很多時候是假象，有的時候是陷阱，就像高山凸起的地方一定會有變幻莫測的深谷相伴，耀眼的光亮閃過必然有無法預料的黑暗襲來……完美在更多的時候是衝突，這種衝突不動聲色，可它對你來說可能是很殘酷的心靈打擊，讓你的心理頻頻出現告急的時刻，讓你永遠處在傷心中無法自拔。

家庭是婚姻的產物，也是婚姻的磨合地。家庭是一個避風港，是你休憩和恢復活力的地方。如果你想生活得幸福富足，安心在事業上發展，你就一定要有一個美好的家庭。

家庭，提供你安全感，讓你感到溫暖。幸福的家庭是成功的基礎，但是一定要切記，美好家庭是自己營造出來的，它的成功就在你的手上。

創建美好的家庭，其前提是要有一個美好的婚姻。婚姻美滿，家庭便會和諧，相對的，父母子女也能得到溫暖的氣氛和安全的保障。一個人早年過的是否幸福，視父母婚姻美滿程度而定，至於家庭是貧是富，影響並不大；長大成家是否感到幸福，則與自己的婚姻情況有關。婚姻不但影響一個人的心理生活，甚至影響事業前途。漢朝司馬遷研究歷史，發現婚姻與個人成敗攸關，因而司馬遷在《史記》「外戚世家」中說：「夫婦的關係，是人道中重大的倫常，禮的作用，特別是對婚姻謹慎小心。」

許多人都知道婚姻的重要，所以特別注重選擇對象，但很少去探究如何培養美滿的婚姻，如何緩和彼此間的緊張情緒，如何挽救琴瑟失諧的婚姻現狀。這也許就是現代社會離婚率逐漸增高，使離婚家庭的子女失去應有溫暖的原因。

想要培養美滿的婚姻，使婚姻持久地維持下去，先生應有好的禮貌和態度，尊重和關心妻小；太太也要在生活上尊敬先生，有禮貌，言辭謙和。

將這些原則加以引申，我們可以發現幾個培養美滿婚姻之道。

（1）關心自己的婚姻。

美好的婚姻和家庭不單是從選擇伴侶中得來，更要經過一段時間的學習和培養而獲得。許多人常懷著錯誤的觀念——等待配偶順從自己，而從未想自己也有調適的責任；另外一種錯誤的態度是漠不關心，抱著「合不來就離婚」的想法。這兩種心態，都缺乏積極爭取圓滿婚姻的信念，所以多少會影響其婚姻幸福。一個人要想和自己的配偶圓滿好合，一定要對自己的婚姻和家庭給予關心。有意去改善它、培養它，才可能獲得好的婚姻生活。

（2）情意交流。

夫妻間的情意必須交流。許多琴瑟失調的夫妻，都是由於不能溝通情意而引起。溝通必須是和諧的、雙方的、互相接受、互相尊敬的。溝通不只能透過語言進行，也能透過表情、行動、姿勢等表現出來。就其重要性而言，表情、行動及姿勢等非語言溝通有時比語言溝通來得更重要。夫妻間的溝通必須是真誠的交談，是和氣的對話；可以在茶餘飯後聊天中溝通，也可以在散步中傾談。在情意交流中，最重要的是傾聽對方的意見，真誠地表達自己的看法。傾聽別人說話，就表示自己能接受對方的意見，能和氣地表達自己的看法，容易被對方接受。

（3）消除糾紛。

夫妻兩人對事物免不了有不同的意見，但是如果爲了不同的意見或一時的急躁而吵得面紅耳赤，對彼此都有損無益。它不但影響心情，還會引起身體的疾病，如高血壓、頭痛、失眠等。因此，夫妻之間必須有一個共同的信念：如果發生爭吵，彼此都有消除它的責任。

10 選擇包容婚姻，就選擇了幸福

有句俗話說：「婚姻如飲水，冷暖自知。」每個人都會步入婚姻的殿堂，和另一個人開始過一種新的生活。有首歌的歌詞寫得好：「相愛容易相處難。」

天天面對油、鹽、醬、醋、茶，少了激情，少了浪漫，少了先前的關注和相互之間的體貼。認為是自己家裡，不用那麼累，什麼缺點都暴露無遺，悠然地享受著對方的奉獻與付出，似乎是理所當然、順理成章的事。漸漸地，心裡感覺失去了很多，付出了很多，卻得不到對方的理解與珍惜。日積月累，開始有怨恨之心，面對生活的種種不如意，失落在心中一點點地聚積。

於是，開始責備，開始爭吵，開始渴望自己的付出得到回報。這樣就進入了一個怪圈：越是想自己的付出得到回報，就越感覺失望；越感覺失望，就越不停地抱怨；慢慢地失去了耐心，慢慢地灰心。最後，為了孩子，為了家庭，為了自己的名聲，湊和著過完下半輩子。

沒有不爭嘴的夫妻，氣頭上罵無好言、打無好拳，但不要把傷人的話說出口；夫妻沒有隔夜仇，不要記恨，不要冷戰，要多想一想自己是否做得不好。

如果退一步，想一下對方的好，少一點責備，多一點寬容，在他（她）拉著臉不高興時，想著也許是工作上不順心，也許是生活上壓力太大，也許是心情不好，然後默默送上一杯茶和你溫馨的笑容，讓他（她）感覺外面風浪再大，回到家就是小船駛進了港灣。也許你辛辛苦苦做好了飯菜，而他（她）卻大大咧咧地說不好吃。原諒他（她）說的話吧，只因爲你是他（她）最親的人，他（她）才會少了顧忌，直言以對。

每個人都希望自己的愛情走入婚姻後，能夠執子之手，與子偕老，沒有人願意半途而廢。可是，相愛容易相守難。戀愛時，可以盡情地花前月下，盡情地浪漫。那時月缺是詩，月圓是畫，一切都充滿了激情。但婚姻是耳鬢廝磨的相守，更多的是柴米油鹽及瑣碎平淡，日子久了，激情便會褪去。這時，需要相濡以沫的包容和理解。

或許，你有你的缺點，他有他的毛病，這都沒關係，沒有誰是完美無缺的。可以爭吵，也可以要點小性子，但要風過雲散。如果總爲一些無關緊要的事情鬧得不歡而散，沒完沒了，婚姻就失去了本來的意義。

很多時候，寬容別人，也是寬容自己。寬容可以讓人心境變得淡泊，不再急躁，生活也會隨之輕鬆，並多了一份淡定從容，少了一份傷害。尤其是女人，計較的越多，越難以快樂。

當他沒完沒了地盤問你、抱怨你、指責你、跟你發脾氣時，你或許覺得很委屈、很疲憊、很難過、很生氣，但也許他此時只是心情不好，需要你在身邊陪陪她，需要找個人發洩一下心情，並不是想跟你吵架。

夫妻之間沒什麼不可逾越的矛盾，也難以說清誰對誰錯，缺少的只是溝通、理解以及包容。再堅強的人，心靈深處也有最柔軟的地方，也有需要關懷、溫暖的時候。

每個人都有選擇自己生活方式的權利，但有時適當地換位思考一下，或許會讓我們懂得去理解、去寬容。擁有健康的身體，擁有溫飽的生活，擁有愛著的人，我們應該懂得珍惜，懂得知足，懂得感恩。之後，我們要做的，是趁來得及的時候，多給我們愛著的人一些幸福快樂。

幸福也很簡單，它就是一些平淡的瑣碎細節堆積起來的。比如晚歸時一個關切的電話，忙碌時一個疼愛的眼神，出門時一句細心的叮囑，饑餓時一碗冒著熱氣的飯，深夜裡一盞守候的燈，進門時一個深深的擁抱，醒來時一個輕輕的吻……

婚姻不是生意，但也需要經營。如果放任不管，或許婚姻還在，但愛情和激情早已遠去。對男人來說，婚姻是一種責任；對女人來說，婚姻更需要包容。但這種包容是相互的，不是單方面無止盡的包容，也不是縱容。任何事情都是有限度的，包括耐心。當一個人的忍耐到達極限，情緒累積到一定程度，爆發的結果往往是無法挽回的。

在這場經營中，女人該學著收斂，偶爾可以無理取鬧一次，也可以有小女人的任性，但一定要看場合，要懂得適可而止，以大局爲重；男人則該適時地表達自己的想法，或者用行動，或者用言語，一定要讓她知道你深愛著她。

愛是一種奉獻，是一種不圖回報的付出，是默默地想愛著的人過得好的心情。有了寬容之心，有了不圖回報之意，你就會發現生活有所不同。允許自己所愛的人有自己的精神空間，愛他就要連他的缺點一起包容。沒有了心中的不忿，沒有了怨恨的眼神，你會發現家裡充滿了溫馨，和諧的氣氛是那樣的美好，生活原來可以如此幸福。

正因爲你的寬容，讓你愛的人感覺到了你的溫情；正因爲你的寬容，家裡飄著溫馨的氣氛；正因爲你的寬容，教會了孩子愛的真諦。

婚姻如水，寬容是杯。這樣才能營造一個好的家庭氛圍，才能使生活過得有滋有味！人的一生，要走很長的路，經歷很多的事情，婚姻、家庭、親情、友情，這些都是最該珍惜的，其他的不過是過眼雲煙。

生活總是此起彼伏，從不曾消停過。可是抽刀斷水，又如何能一刀下去就斷得乾脆徹底？所以，兩個人的感情走過很長的路，走進婚姻並不容易，如果可以，請盡力珍惜。

期待來生，也是因爲今生有太多的遺憾。把今生過好是多麼的不容易，能把握好當下，才是最大的幸福。

11 選擇婚姻，就等於選擇了一種生活

婚姻不僅僅是兩個人的事情，而是把兩個家庭拴在一起，它是愛情、親情、友情的綜合體，每一份情都要認真打理、小心呵護，所以，僅僅有愛情是不夠的。婚

姻是門學問，需要夫妻同心、時時用心、處處留心，並有處變不驚的能力和化干戈爲玉帛的氣度。

重視家庭，處理好家庭與事業

對有事業心的人來說，家庭是幸福而又沉甸甸的字眼。想要事業取得成功，就必須投入極多的精力，時時刻刻和家人在一起就成了一種奢望。因此，有一個和睦的、支持自己幹事業的家庭，顯得尤爲重要。

常聽一些職場人士說，工作再苦再累都不怕，就怕家裡有什麼變故，諸如愛人鬧情緒、女友吹燈、父母孩子生病等，碰到這種事，真是感覺心驚肉跳，想回家處理又不大方便，常常急得火燒火燎。正如魯迅說的：「無情未必真豪傑，憐子如何不丈夫。」如果「後院」起火了，工作上能不分心受影響嗎？

但是，事業的拼搏和家庭和睦兩者並不矛盾。從某種意義上講，有事業心的人，家庭應當比普通人的家庭多一些理解，多幾分關愛，多一點和睦。

（1）充分利用家庭時間。

不要僅僅是「待在家裡」，而要積極表現出對每個家庭成員的關心，關注他們的事情勝於其他。

（2）把家庭納入日程表。

也就是說，要預留出特定的家庭時間，可以是週末或假期，也可以是對家庭具有特殊意義的日子，如結婚紀念日或子女的生日。這些事情是可以提前預知的，將這些日子或者這些天中的某段時間預留出來，甚至可以寫進日程表，像尊重對工作的承諾一樣尊重這些家庭時間。

（3）重視家庭裡的一些特別事情，並舉行特殊的慶祝儀式。

可以請家庭成員外出就餐來慶祝兒子贏了比賽，也可以舉辦一個小儀式來表彰女兒取得了好成績，或者做一些特別的事來感謝家人為自己的操勞。

（4）即使遠離家庭，也要讓自己顯得很近。

出差的時候要經常打電話回家，就算簡單地說幾句，也要和家中每個成員說說話；出門之前要和每個家庭成員告別，回來的時候要讓他們感受到你有多麼想念他們；常常留下一些小紙條或者帶回一些小禮物，證明他們在你心目中很重要。

（5）與家庭成員分享事業。

不是說要讓家庭成員完全瞭解你工作上的事，而是在他們的理解範圍內，讓他們大致瞭解你在做些什麼，面臨著什麼樣的困難，你的目標是什麼，爲了實現目標你正在做什麼，等等。

美滿的家庭是事業成功的基石，只有「大後方」穩固，無後顧之憂，你才能放開手腳，真正把工作當成事業幹，各項事業才能興旺發達。無論是爲了家庭、事業或者單純地只是爲了婚姻，對待家庭，都不可不謹慎。

學會為孩子喝采

家庭是愛的港灣，有了這種愛的包圍，才能讓孩子健康快樂地成長。孩子是家庭最大的資產，懂得用心的父母，將會收穫明天的精彩。用心去發現孩子身上的每一個閃光點，及時鼓勵孩子，學會爲孩子喝彩，幫助孩子在人生的海洋中揚起理想的風帆，順利遠航。

有個故事，講的是一位媽媽對兒子期望值很高，希望兒子將來能成名成家，但兒子無論怎麼做都不能令媽媽滿意，常常被罵「傻瓜」、「笨蛋」。原本聰明的兒子在媽媽不斷強化的負面暗示下，終於對自己的前途失去了信心，於是破罐破摔，最後的結果想必大家已經猜到了——世界上又多了一個碌碌無為的人。

孩子的可塑性是很強的。如果你能在孩子成長的關鍵時期不斷鼓勵孩子，就會使看似普通的孩子信心百倍，充分發揮出自己的潛能，成長為對社會有用的棟梁之材；如果你對孩子期望值過高，一遇到挫折就打擊、埋怨孩子，就會使原本很有潛質的孩子喪失前進的勇氣和動力，甚至淪為平庸之輩。

此外，學會為孩子喝彩，使孩子懂得珍惜、懂得堅強，讓他在潛移默化之下也學會為我們喝彩。每當我們在工作學習中取得了成績，不妨和孩子一起分享成功的喜悅。這樣做，你會驚奇地發現，每當遇到煩心事，乖巧的孩子居然也懂得替你分憂解愁……合格稱職的父母一定是自己孩子的知心朋友，是孩子取得成績時可以第一個和他分享快樂和成功喜悅的人，是孩子遇到挫折和失利時最願意傾訴的對象。

愛自己的孩子，就要懂得欣賞他，懂得在孩子的身上發現閃光點，重視他在成長過程中的每一個細小的進步與成功，並且大聲地告訴他：你真棒。學會為孩子喝彩，相信在不遠的將來，孩子一定會在你爲他營造的充滿愛心的氛圍中健康、快樂、幸福地成長，成爲父母喜歡、社會需要的茁壯的大樹。

學著和婆婆搞好關係

常言道：家家有本難念的經。其中最難念的一本就叫「婆媳經」。

一說起婆媳關係，很多人的腦海裡就會出現幾個詞：糾結、複雜、難搞。兩個女人爲了一個同樣深愛的男人，稍有不慎就會鬧得雞犬不寧。

婆媳關係是當代社會最複雜的一種人際關係。形式上，它屬於親情當中的一個分支，包括縱向的血緣關係（婆婆和兒子）和與之形成鮮明對比的橫向的夫妻關係（媳婦和丈夫），這都顯示了它縱橫交錯的複雜性。從表面上看，婆媳關係是兩個女人之間的關係，其實是「三角關係」，甚至是更多人之間的關係。

婆媳關係看似是兩個女人之間的遊戲，其實真正的「主角」是那個作爲兒子、丈夫的男人，而且不僅決定著小家的幸福，還決定著男人、女人原生家庭的和睦，博弈關係相當明顯。

可惜，少有女人瞭解博弈論，更少有人因此而行動。她們往往執著於一己之願，感情用事，使得婆媳關係成爲你死我活的敵我矛盾，最後的結果不是兩敗俱傷，而是兩敗多傷。

博弈論中著名的「囚徒困境」，說的是假定每個參與者（「囚徒」）都是利己的，都尋求自身利益最大化，而不關心另一參與者的利益，那麼「囚徒困境」就產生了，由此反映個人的最佳選擇並非團體的最佳選擇。

可以說，在婆媳關係的「囚徒困境」中掙扎的不僅僅是兩個女人，還有她們所愛的那個男人，甚至波及「小家」和「大家」中的所有成員。如果婆婆和媳婦都從自己的角度出發看問題，並尋求自我利益的最大化，而不關心另一參與者的利益，婆婆、媳婦各自爲政，爲了爭奪男人的愛和家庭控制權明爭暗鬥，結果只能是博弈失敗。

所以，婆媳關係的改善，重點要看男人的成熟度。在選擇老公時，如果你不想以後的生活都在跟另一個女人搶「男人」中度過，切記，沒有過斷奶期的男人還是把他還給他的媽媽吧。但如果你已經選了一位心理還未長大的丈夫，那就只能幫助他快速成長，早點成熟起來，使之能夠很好地化解你跟他老媽之間的矛盾。

第七章
健康是可以選擇的

想要實現自己美好的願望，必須擁有健康做保證。

健康是可以選擇的？沒錯，教育、知識、毅力都可以提高一個人的健康商數。世上沒有萬能的健康秘方，但只要熱愛生命，積極生活，並且養成良好的生活習慣，就一定能走出自己的健康之路。

1 有健康的「一」，才有後面的「零」

如果說人能活到八十歲，那麼前二十年的健康是父母養的，後六十年的健康則絕對是自己給的。爲自己好好活著，也是爲家人好好活著，活著的首要條件是健康。

有人歸納出了健康生活的八要素：營養、水分、陽光、空氣、鍛煉、節制、休息、信念。

現代生活正日益步入小康水準，人們不缺營養、水分、休息、信念，卻忽視了鍛煉、節制、陽光、空氣。自視年輕，或是努力工作，或是暴飲暴食，或是生活無序，或是貪玩好樂，把健康置之度外，於是身體亮起紅燈，不得不往返醫院……

健康是人生的不可或缺的元素，想要讓健康聽從自己的安排，就需要認真、小心地去對待、去呵護。

都說健康是根本，如同地基一樣。健康是「一」，事業、財富、婚姻、名利等都是後面的「零」。由一和零可以組成十、一百等多種不同大小的值，成就人類與社會的和諧旋律。如果沒有健康這個一，其他條件再多也是零。

沒有健康就沒有一切，所有的零都是健康的外延和擴展！因此，沒有什麼比健康這個一更重要。

繁忙的生活，高速的節奏，我們爲了獲取更多的幸福並努力追尋時，卻忽略了健康。當你回頭想去撿拾它時，你才發覺那是多麼困難甚至是不可能的一件事情！

如果永遠撿拾不回來，再多的幸福也塡補不了它的空缺。健康，就是這麼一種簡簡單單的幸福。唯其簡單，人們才更容易忽視它；又唯其簡單，人們才更容易把握住它。把握了這個幸福，才能更加從容地收穫其他的幸福。

上天給了我們最初的健康，有點像在銀行裡爲我們存了一筆款，但其數目不足以保證你一生生活無憂。所以，你不能吃老本，坐吃山空，而應讓它保值、升值。

你可能已經煙離不開手、酒離不開口，也可能畢業後再沒有進過體育場。你也許有這樣或那樣的藉口，如工作太忙沒時間，家裡雜事太多沒空閒，周圍沒有運動設施等。但你要明白，只有一個人能幫助你保證身體健康，消除緊張感，免除疾病之苦，那個人就是你自己。

有意或無意地忽略自己擁有的一切，似乎是人類共同的弱點。健康也是這樣一種東西，它通常在我們的少年、青年乃至中年階段忠實地陪伴我們，而我們卻習慣性地淡忘它、漠視它。千萬不要等到躺在病床上才明白健康是福；不要等身體出了毛病才去鍛煉；不要等煙酒威脅到身體健康才戒煙戒酒。

需牢記：有了健康的「一」，才能在後面加「零」！

如今，越來越多的發達國家和地區的豪富們不比闊氣比健康。在美國，多數實業家認爲，一個人無論有多高的權勢、地位和名氣，如果不能保持普通人的心態，沒有正常人的健康，就不會有真正的快樂。

身體是可以改善的，健康是可以擁有的，抵擋「健康危機」最好的辦法就是改變你的生活方式。一份資料顯示，在因疾病死亡的人中，百分之五十四與生活方式有關，百分之二十二與環境有關，百分之八與提供的衛生服務有關，百分之十八與遺傳有關。可見，不文明的生活方式和不健康的生活環境是健康的最大敵人，而向這些「敵人」發起挑戰可謂是刻不容緩的事情。

向健康的「敵人」挑戰，首先要懂得勞逸結合、享受有度，對於現代人來說，這一點應該放在頭等重要的位置。因爲生活、工作的壓力和令人眼花繚亂的娛樂方式，很容易讓現代人忘記健康，迷失自己，透支自己的生命。

特別是有些年輕人，在一天忙碌的工作之後，不是回家好好地休息，而是選擇去夜店、舞廳等場所。偶爾去一下這些地方，的確有助於壓力的宣洩和釋放，但長此以往，對身體來說是極度嚴重的摧殘，身體機能會嚴重受損。

此外，合理膳食以及適度的運動也是保持健康的重要因素。有人將這兩方面總結成了幾個字，大家不妨借鑒一下。

（1）一、二、三、四、五。

「一」指每天飲一袋牛奶，可有效改善我國膳食鈣攝入量普遍偏低的現象。

「二」指每日攝入兩百克碳水化合物。當然，如何獲取這些碳水化合物宜因人而異。一般來說，一個成年人一天大約需要六至八兩的主食來滿足碳水化合物的攝取。

「三」指每日要進食三份高蛋白食品，如雞蛋、魚、肉等。

「四」指食物要有粗有細、不甜不鹹，要少食多餐，每餐保持七八分飽。

「五」指每日應攝取五百克蔬菜及水果，這對預防高血壓及腫瘤至關重要。

（2）紅、黃、綠、白、黑。

「紅」指每日可飲少量紅葡萄酒，可以選擇每日進食一至兩個番茄。

「黃」指黃色蔬菜，如胡蘿蔔、紅薯、南瓜等，它們對提高兒童及成人的免疫力極有幫助。

「綠」指綠茶及綠色蔬菜，它們具有防感染、防腫瘤的作用。

「白」指燕麥，食用燕麥對糖尿病患者效果更顯著。

「黑」指黑木耳，常食有助於預防血栓形成，多食有益。

（3）適量運動三、五、七。

「三」指每天步行三十分鐘，三公里以上。

「五」指每週至少有五次運動時間。

「七」指中度運動，即運動的心率加上年齡等於一七〇。

無論平時怎樣做，方法只是解決問題的途徑，面對「健康危機」，保持平和的心態才算得上是真正掌握了健康的鑰匙，能更好地享受美妙的人生。

TIPS

身體器官作息時間表

任何試圖更改生物鐘的行為，都將給身體留下莫名其妙的疾病，一二三十年之後再後悔，已經來不及了。

一、晚上九點到十一點為免疫系統（淋巴）排毒時間，此段時間應安靜或聽音樂。

二、晚上十一點到凌晨一點，肝的排毒，需在熟睡中進行。

三、凌晨一點到凌晨三點，膽的排毒，亦同。

四、凌晨三點到凌晨五點，肺的排毒。此即為何咳嗽的人在這段時間咳得最劇烈，因排毒動作已走到肺；不應用止咳藥，以免抑制廢積物的排除。

五、凌晨五點至早上七點，大腸的排毒，應上廁所排便。

六、早上七點至九點，小腸大量吸收營養的時段，應吃早餐。療病者最好早吃，在六點半前，養生者在七點半前。不吃早餐者應改變習慣，即使拖到九點或十點吃，都比不吃好。

七、半夜至凌晨四點為脊椎造血時段，必須熟睡，不宜熬夜。

2 選擇適合自己的運動方式

運動對於保持健康的重要性，我國古代就認識到了。因此，很早就有「養生莫善於習動」和「一身動則一身強」等一些俗語。這些俗語揭示了生命的一條極爲重要的規律——動則不衰。運動和生命息息相關。一個人要想健康長壽，就必須經常運動、活動和鍛煉，這對於任何人來說都很重要。反之，也是一樣，如果長期坐著，缺乏運動，這個人的健康一定會大打折扣。

據某項研究調查表明：至少有百分之六十的人處於亞健康狀態，並且城市中亞健康狀態的人的比例比鄉村、小鎮等明顯高出很多。那麼，導致亞健康狀態的原因是什麼呢？由於經濟的發展，生活水準的提高，現代科學技術的進步，使得人們的體力勞動日益減少，活動量也越來越少。

現在，許多家庭都已經電氣智慧化了，洗衣機、瓦斯爐、電鍋、吸塵器，甚至機器人也進入了家庭，使人的運動越來越少。在生活中以車代步、以電梯代樓梯的人越來越多，從健康角度來看，這是非常不利的。它使得身體素質越來越弱，許多

「文明病」逐漸增多，肥胖症、高血壓、糖尿病、冠心病、腦中風、腰腿痛等患病人數不斷增加，患病年齡越來越小。

現代醫學已把這些病歸類到「運動不足病」，認爲缺乏運動是重要原因。要改變這種狀態，應從加強運動鍛煉入手，有意識地、主動地進行運動。在日常工作和家庭生活中，要儘量多地活動各個部位，如果一味地貪圖安逸享受，怕苦怕累，懶得動手動腳，久而久之，四肢肌肉就會變得軟弱無力，骨骼就會疏鬆，各器官的功能也會退化減弱，繼而多種疾病纏身。

「用則進，廢則退」，這是生物學上的一條重要規律。也就是說，不管生活環境多麼好，食物多麼綠色和優良，休息得多麼充分，如果缺少了運動，健康仍然站在距離你遙遠的地方。

健身、運動有益健康，但要有科學的鍛煉方法。體形特徵不同的人應該採取與之相應的運動方式，才能更利於自身的健美。

瘦弱、脂肪少、肌肉力不強、體力不佳的人，往往內臟也不太健康。運動時，應該先慢慢鍛煉好基本體力，逐漸強化肌肉力量、持久力及身體柔軟度，再進行重量訓練，參加有氧運動、跳繩、游泳等動態運動。瘦弱型的人要特別注意飲食，應多攝取含豐富蛋白質的食物，以增進內臟機能，增強肌肉力，還要多攝取維生素類食物。

看起來瘦弱，但卻有很多脂肪的人，肌肉力量和內臟的功能往往不強，體力也不好。這類人適合的運動是步行、爬樓梯、跳繩、游泳等能使脂肪燃燒的運動。飲食應該避免暴飲暴食，少吃甜食，少吃脂肪量高的食品，但要攝取高蛋白食品。

體重在標準體重範圍內，但其臂部、臀部以及腹部到大腿的脂肪超過標準水準，只要肌肉和關節沒問題，可參加任何運動，如打球、游泳、騎馬等，有氧運動更好。但如果平時不是經常運動，就不能突然地劇烈運動，應該在做每項運動前，先做熱身運動和體操，強化肌肉力量。飲食上只需注意營養均衡、適度攝食、少吃夜宵、不過量攝取含脂肪多的食物即可。

身上各部分皮脂厚度太厚、體重過重、幾乎沒有肌肉、骨骼支撐能力弱的人，爬幾級樓梯就會氣喘如牛。這類人應該多做有氧運動，可以消耗脂肪。常做靜態的伸展運動，以強化肌肉骨骼。還要提醒你的是，由於肥胖者都有高血壓傾向，請在運動前先量血壓，並注意動作的正確性。但不要做過度激烈的運動，身體狀況不好就要停止運動，不可操之過急。飲食上絕不能過度節食，一天可吃兩百至三百卡熱量的食物，以保證營養均衡。不能急劇減少糖分，以免血糖下降，增加空腹感。

此外，還要注意在不同人生階段選擇適合自己年齡的運動方式。

二十歲左右：可選擇高衝擊的有氧運動、跑步等。在身體上，它們能消耗大量熱量，強化全身肌肉，增強精力、耐力與手眼協調能力；在心理上，這些運動能幫助人解除外在壓力，暫時忘卻日常雜務，獲得成就感。同時，跑步還有激發創意、訓練自律力的優點。

三十歲左右：建議選擇攀岩或者武術來健身。除了減肥，這些運動能加強肌肉彈性，特別是臀部與腿部；還有助於培養耐力，能改善人的平衡感、協凋感和靈敏度。在心理上，攀岩能培養禪定般的專注功夫，幫助人建立自信與策略思考力。武術能幫助人在衝突中保持冷靜、自強與警覺心，同樣能有效增進專心的程度。

四十歲左右：選擇低衝擊的有氧運動，如遠行、爬樓梯、網球等。它們能增加體力，加強下半身肌肉力量，特別是雙腿。像爬樓梯這樣的運動，既可以出汗健

身，又很適合忙碌的城市上班族天天就近練習；網球則是非常合適的全身運動，能增加身體各部位的靈敏度與協調度，讓人保持精力充沛，同時對於關節的壓力也不會像跑步和高衝擊有氧運動那樣大。而在心理上，這些運動可以讓人神清氣爽、鬆弛緊張和緩解壓力。以爬樓梯爲例，有規律地爬上爬下是控制自己，讓心情恢復穩定的好方法；同樣，打網球除了有社交作用外，還能使人拋開壓力與雜念，訓練專心、判斷力與時間感。

五十歲左右：適合的運動包括游泳、重量訓練以及打高爾夫球。游泳能有效地加強全身各部位的肌肉彈性，而且由於有水的浮力支撐，不像陸地運動那樣吃力，特別適合療養者、風濕病患者和年紀較大者；重量訓練能堅實肌肉，強化骨骼密度；而打高爾夫球則有穩定心臟功能的效果。在心理上，游泳兼具振奮與鎮靜的作用，專心地劃水能讓人忘卻雜務；重量訓練有助於提高自我形象滿意度，讓壓力與煩躁都隨汗水宣洩而出。

六十歲以上：應該多做散步、交誼舞、瑜伽或水中有氧運動。散步能強化雙腿，幫助預防骨質疏鬆與關節緊張；交誼舞能增進全身的韻律感、協調感和優雅氣質，非常適合不常運動的人選擇嘗試；瑜伽能使全身更富彈性與平衡感，能預防身體受傷；水中有氧運動主要增強肌肉力量與身體的彈性，適合肥胖或老弱者健身。這些都不是劇烈的運動，在健身之外，它們的最大功用是能使人精神抖擻，感覺有趣，並且有社交的作用，是讓老年人保持年輕心態的好方法。

總之，不論採用什麼方式和手段進行鍛煉，都要遵守一個原則，那就是因人而異和循序漸進。

3 選擇不當，美食也會變成毒藥

大米、小麥、牛奶、雞蛋、雞肉、番茄、蘑菇、蘋果、香蕉……明明你吃得都是喜歡而且還被公認爲好的食物，可是這些食物進入你的身體卻總有一種說不出的彆扭：或是你爲了改善亞健康，不加班、不熬夜、按時吃飯還積極運動，卻仍然不見起色……

這個時候，就要考慮一下，或許你每日吃的東西裡，有身體天生就不喜歡的，

每一樣常見的主食、蔬菜、水果，都可能正悄悄挖你健康的牆腳。同樣，許多對於別人來說是美味的食物，如巧克力、乳酪、腰果等，很可能你吃了後卻會產生意想不到的反應，正所謂「甲之熊掌，乙之砒霜」。如果飲食得法，既可健身又能防病，可謂一舉兩得；若不得法，則「食」得其反。

感冒時吃補品。補品會在人體內產生較高的熱量和能量，可使患者體溫升高，病情加重。此外，補品還會促進病菌生長繁殖，導致感染程度加重和炎症擴散。

飲後馬上吃水果。科學研究指出，水果中含有大量單糖類物質，很容易被小腸吸收，但若被飯菜堵塞在胃中，就會因腐敗而形成脹氣、胃部不適。所以，吃水果應選在飯前一小時或飯後兩小時爲妥。

喜用熱油炒菜。這是一種不科學的烹調方法。當油溫高達兩百度時，會產生一種叫「丙烯醛」的氣體。它是油煙的主要成分，對人體呼吸道有害。另外，「丙烯醛」還會使油產生大量致癌的過氧化物。炒菜以八成熱的油最好。

吃豆製品越多越好。營養學家指出，黃豆中的蛋白質會阻礙人體對鐵元素的吸收。過量攝入黃豆蛋白質可抑制正常鐵吸收量的百分之九十，出現缺鐵性貧血，表現出不同程度的倦怠、嗜睡等貧血症狀。所以，吃豆製品不要過量。

吃精禁粗。有些人吃什麼都講求精細，如吃米吃精米，且淘米時反覆搓擦，致使米的穀胚層被搓掉了，這就使維生素B1以及鐵、猛、鋅等元素大量丟失。五穀雜糧以及粗纖維含量較多的食物，含有人體所必需的營養成分和纖維素，如紅薯、南瓜等在國外已成爲美食，且紅薯中含有抗癌物質。纖維素是人體腸道內最好的「清潔工」，它可以清除腸內垃圾，少了它，人就容易出現便秘、結腸炎、結腸癌等疾病。

多用佐料調味。據美國研究表明，胡椒、桂皮等天然調味品中有一定的誘變性和毒性，如多用調味品，可導致人體細胞畸形，形成癌症，給人帶來口乾、咽喉痛、精神不振、失眠等不良反應，還會誘發高血壓、胃腸炎等多種病變。因此，日常飲食中應儘量少用或不用佐料。

喜歡爆炒食物。這是一種不衛生的烹製方法。畜禽肉尤其是動物內臟攜帶大量禽畜病毒、病菌，爆炒時間短，病毒、病菌不易被殺死，有的病毒要燒煮十分鐘以後才能被殺死。吃了不熟的食物，極易發生「人畜共患」疾病。因此，畜禽肉還是燒熟、燒透吃才安全。

喜喝新茶。新茶雖然葉色鮮活、味醇香爽，但飲用弊大於益。因爲剛採摘的新茶，含未經氧化的多酚類、醛類和醇類較多，易引起腹脹、腹痛等症狀，會加重慢性胃炎患者的病情。

吃水果可以減肥。事實上，所有的水果都含有糖分，尤其香蕉、葡萄、蘋果等含糖更高，吃多了糖分，哪來減肥的道理？

除了這些不良的習慣外，各種美食之間也有相衝，如果將這些相衝的食物同食，不但不會得到美食的享受，反而會損害身體，真是不可不防呀！下面，我們將列舉一些日常生活中常見的錯誤搭配，讓人們更好地享有健康的生活。

啤酒忌白酒。啤酒中含有大量的二氧化碳，容易揮發，如果與白酒同飲，就會帶動酒精滲透。有些朋友常常是先喝了啤酒再喝白酒，或是先喝白酒再喝啤酒，這樣做實屬不當。想減少酒精在體內的駐留，最好是多飲一些水，通過排尿緩解酒精的效果。

酒忌咖啡。酒中含有的酒精具有興奮作用，而咖啡所含的咖啡因同樣具有較強的興奮作用，兩者同飲，對人產生的刺激甚大。如果是在心情緊張或是心情煩躁時這樣飲用，會加重緊張和煩躁情緒；若是患有神經性頭痛的人如此飲用，會立即引發病痛；若是患有經常性失眠症的人飲用，會使病情惡化；如果是心臟有問題，或是有陣發性心跳過速的人將咖啡與酒同飲，其後果更爲不妙，很可能誘發心臟病。一旦將二者同時飲用，應飲用大量清水或是在水中加入少許葡萄糖和食鹽喝下。

解酒忌濃茶。有些朋友在醉酒後，會飲用大量的濃茶，試圖解酒。殊不知，茶葉中含有的咖啡鹼與酒精結合後，會產生不良的後果，不但起不到解酒的作用，反而會加重醉酒的痛苦。

鮮魚忌美酒。含維生素D高的食物有魚、魚肝、魚肝油等，吃此類食物飲酒，會減少人對維生素D吸收量的六至七成。人們常常是鮮魚佐美酒，卻不知道這樣的吃法讓自己遠離了上好的營養成分。

蝦蟹類忌維生素。蝦、蟹等食物中含有五價砷化合物，如果與含有維生素C的生果同食，會令砷發生變化，轉化成三價砷，也就是劇毒的「砒霜」，危害甚大。長期食用，會異致免疫力下降，甚至是人體中毒。

煮沸牛奶忌加糖。牛奶中所含的賴氨酸在高溫下會與果糖結合成果糖基賴氨

酸，不易被人體消化，食用後會出現腸胃不適、嘔吐、腹瀉等病症，影響健康。

牛奶忌朱古力。朱古力中含有草酸，與牛奶中所含的蛋白質、鈣質結合後產生草酸鈣，可能會導致腹瀉現象的發生。

當然，我們提到的只是食物禁忌中的一小部分，但卻是人們日常生活中最常見的部分。條件允許的話，不妨多瞭解一些這方面的知識，以增進健康。

4 慎用體力和精力

世間沒有一樣東西比我們的身體更爲寶貴，生命只有一次。

許多人不知自愛，常常在無意識中傷害自己、欺騙自己。他們外出辦事時，總是飲食無定，有時候竟一點東西也不吃，就是吃也不按照正常的時間；他們還總是剝奪自己睡眠和休息娛樂的時間。

由於他們經常摧殘自己的身體，所以不到四十歲，有的人頭髮就已經漸白，身體顯現出了衰老的樣子。這些人沒有意識到，要實現自己的雄心壯志，需要相應的體力與之配合。

所以，對自己的體力和精力切不可隨意消耗，對自己的身體尤其要注意保養。許多人具有超群的天賦，卻最終只獲得了微不足道的成功，就因爲他們不善保養身體這部機器。如果能夠根據自己身體上的需要，給予適當的食物、充足的水分、新鮮的空氣和陽光，就能爲人體這部機器的正常運轉提供能量。

在飲食和生活起居上，如果我們能應用自己的常識，維持適當的營養，過一種簡單、有規律、有節制的生活，那麼我們就永遠都不需要服藥。

有些人總是很匆忙地吞一塊三明治，喝一杯牛奶，便算解決午飯問題了，他們以爲這樣既節省時間，又節省金錢。殊不知，如果他們走進一家好的飯店，從容地進一頓美味而有營養的午餐，而後休息片刻，使身體對食物進行充分的消化吸收，這才是大有裨益，才是真正的「合算」。

上述那種節省的情形，反而是一種最壞的浪費。最合算的做法，就是積蓄大量的體力和精力，作爲獲取成功的資本。剝奪能給予我們生命力、體力與智力的食物和休息，無異於是在自掘墳墓。

世間沒有一樣東西比我們的身體更爲寶貴，我們必須不惜一切代價來保護它。健康的身體能夠促進人們在工作上的努力，使得人們不斷進步。

睡眠和營養的不足、戶外運動的缺乏、工作過度，凡此種種，都是減弱體力、損害身體的主要原因。還有許多人，將精力浪費在憤怒、憂慮、怨恨以及瑣碎的事情上，甚至這些浪費掉的精力，比在正式工作上消耗的體力還要多。

如果你有志於成功，你就必須慎用體力和精力，要持之以恆。人人都當懂得，體力和精力是成功的資本，有了強健的體力、充沛的精力，即便赤貧如洗，也比那些擁有財富卻把體力和精力消耗乾淨的人富裕得多。

5 生氣不要超過三分鐘

生氣和憂鬱都是人們日常生活中常見的一種情緒，通常人們說的生「悶氣」就是此類情緒的表現。這種不良的情緒會對人的心理及身體造成很大的危害。

《紅樓夢》裡的林黛玉不但有才華，而且純潔又真誠，但卻自幼羸弱多病，多愁善感。在「風霜刀劍嚴相逼」的賈府，她無法像薛寶釵那樣曲意逢迎、八面玲瓏，而是經常鬱鬱寡歡，茶飯不思，夜不能寢，淚水漣漣。

當她聽說心上人賈寶玉與薛寶釵結婚時，便一氣而厥，悲憤而逝。從情緒心理角度看，正是她內心的憂鬱情緒而造成了自己的悲劇。

有研究表明：一個人如果在精神上遭受重大的創傷或打擊，即使心理調整得好，平均也要縮短壽命一年；如果惱怒超過半年不減，大約要縮短壽命二至三年。因此，爲了身體健康，有關專家提出了這樣一個口號：生氣不該超過三分鐘。

從我國中醫學的角度來講，人的精神心理活動與肝臟的功能有關。當人受到精神刺激造成心情不暢、精神憂鬱時，會影響肝臟功能的正常發揮。肝氣不舒則急躁易怒、情緒激動，有時就會做出一些不理智的事情。另外，肝臟通過調節氣息輔助脾胃消化，肝氣鬱結，則氣息不利、不思飲食。

美國生理學家愛爾馬曾做過一個實驗：把一支玻璃管插在正好是零度的冰水混

合容器裡，然後收集人們在不同情緒狀態下的「氣水」，描繪出了人生氣的「心理地圖」。實驗發現，當人們心平氣和時，冰水混合物裡雜質很少；生氣時則有紫色沉澱。

愛爾馬把人在生氣時呼出的「生氣水」注射到大白鼠身上，幾分鐘後，大白鼠就死了。由此分析，人生氣時的生理反應十分強烈，分泌物比任何時候都複雜，且更具毒性。因此，愛生氣的人很難健康，更難長壽。

三國時期，曹魏與蜀漢對壘，曹真率領大軍來到長安，在渭河西邊下寨。曹真與王朗、郭淮一起討論怎麼打敗諸葛亮率領的蜀軍。王朗說：「明天可以把軍隊排整齊，揮舞旗幟。你們看我只要幾句話，肯定讓諸葛亮拱手而降，蜀兵不戰自退。」

第二天，兩軍在祁山前對陣。王朗來到孔明面前對他先說出一大套理論，甚至勸諸葛亮「倒戈卸甲，以禮來降，不失封侯之位」。

諸葛亮聽後斥道：「……你世居東海之濱，初舉孝廉入仕，理當匡君輔國，安漢興劉，何期反助逆賊，同謀篡位！罪惡深重，天地不容！無恥老賊，豈不知天下之人，皆願生啖你肉，安敢在此饒舌！今幸天意不絕炎漢，昭烈皇帝於西川，繼承大統，我今奉嗣君之旨，興師討賊，你既為諂諛之臣，只可潛身縮首，苟圖衣食，怎敢在我軍面前妄稱天數！皓首匹夫，蒼髯老賊，你即將命歸九泉之下，屆時有何面目去見漢朝二十四代先帝？」

諸葛亮的話還沒有說完，王朗便身子一晃，從馬上栽了下去，一命嗚呼了！

而另一位意氣風發的英雄周瑜也因困擾在「既生瑜何生亮」的悲憤中，氣得吐血而亡。這說明，人在憤怒時會血壓升高。

另外，據調查顯示，吵架七天後，想起吵架的事血壓仍會升高。一種解釋是，壓力激素使血管收縮，血壓升高，心跳加速。以前科學家認爲，這些影響會隨著怒火的消失而迅速消失，但現在看來，情況並非如此。如果心血管反應對心血管系統造成了損害，那麼，造成壓力的因素在消失後，在一段比較長的時間內，身體仍會受到傷害。

研究結果顯示，情感失調的人，生病的風險是其他人的兩倍。由此，愛爾馬教授的報告發出了「生氣等於自殺」的警告。

英國化學家亨特年輕時就易發怒，後來在一次醫學會議上被人頂撞，盛怒之下心臟病突發，當場身亡。這個事例告訴我們：氣怒猶如藏在人體中的一枚定時炸彈，隨時有可能釀成大禍。

很多身體的症狀，或者疾病的發生，都與人的情緒變化有關。

當我們爲一些生活中瑣碎的事情生氣，用別人的錯誤來懲罰自已時，要想到生氣帶來的損傷，不僅僅是精神上的，還會對我們的身體造成傷害甚至導致疾病的發生，這樣我們就會退一步海闊天空，保持一個健康、快樂的心態，以維護我們的身心健康。

我們常聽說一個詞：氣結——氣不暢通就會鬱結於胸，最後形成腫塊，帶來疼痛。所以，中醫學中有這樣一句話：通則不痛，痛則不通。更通俗的解釋則是：氣憤、壓抑、悶悶不樂等精神因素會對人體的生理機能產生影響。

TIPS

這些食物也能幫你消氣

白蘿蔔：生吃或煮水吃蘿蔔湯都可。白蘿蔔有順氣健胃、清熱化痰降脂的功效，亦可用白蘿蔔籽煎水服，對氣鬱上火有較好療效。

陳皮（橘皮）：泡水當茶飲服。陳皮有順氣化痰功效，泡水服可消氣順氣。

金橘：可剝皮吃，亦可連皮吃。金橘有理氣、解鬱、化痰醒酒等功能，可治胸悶鬱結、食滯納呆、醉酒等。

香元：香元水煎服，有順氣止痛功效。

山楂：山楂、橘皮或山楂、蘿蔔籽同煎水服。山楂能順氣止痛、化食消積、降脂通氣血，對氣滯血瘀之胸腹脹滿疼痛，生氣導致的心律不齊、心絞痛等有一定的療效。

蓮藕：水煮或涼拌吃，能通氣、健脾和胃、養心安神。

瓜蔞：瓜蔞水煎服。瓜蔞能理氣解鬱、開胸化痰，可治生氣引起的胸悶胸痛。

6 健康新理念——健康商數

「健商」是一個嶄新的健康理念，它是健康商數的縮寫。它和智商、情商一樣是人們評價估測自身健康指標的標準。「健商」指數能指導人們一直保持健康狀態。人們如果能正確利用自己的「健商」指數，就能使自己更加健康長壽。

健商的理念

所謂「健商」（ＨＱ），代表一個人的健康層面及其對健康的全新態度。健商是一個建立在全新理念和健康知識基礎之上的全面的、綜合的健康概念。

健商是一個人的特徵之一。但是與智商不同的是，健商不是先天決定的，教育、知識、毅力都可以提高一個人的健康商數。

沒有一種醫療體系可以解決醫療保健的所有問題。西方醫學知道怎樣利用手術和藥品，卻沒有一個全面的框架來觀察你生活的所有方面，它的特點是身心分離；而東方醫學把每個人當成一個獨特的個體，注重人的身心合一，注重醫生與患者的交流。現在，西方醫學界正在逐漸認識到東方傳統醫學的精華，並開始向東方的傳統醫學、北美土著治療方法及非洲一些古老的治療方法學習。

健商理念認爲，一個人的情感、心理狀態以及生存環境和生活方式，都可以對他的健康產生直接影響。因此，健商不僅把健康定義爲沒有患病，還定義爲一個人良好的健康狀態。從健商的定義上來講，良好的健康狀態涉及一個人的諸多方面，包括生理的、心理的、情感的、精神的、環境的和社會的，以及良好的生活品質。

健商理念的另一個特點是，它強調身心合一的中國傳統思想，認爲身心之間的關係是健康的基本組成部分。擁有健康的心理狀態，即比較平和安詳而愉快的心態，本身就意味著一個人擁有健康。

怎樣擁有高健商

要想擁有高健商，除了要關心照顧自己以外，你還要對自己的整體健康負起責任——進行自我保健。健商強調身心關聯是建立完善的自我保健的基礎。健商強調的身心健康，其實是指通過自我保健獲取最佳健康，使身體達到最佳狀態。如上所

述，在現代的醫療中，我們過多地依賴藥物、外科手術或某些治療方法，忽略了自我保健是另一種重要手段。人們在健康的生活經歷、個人信念和天賦的抵抗力的基礎上積累起來的自我保健能力才是最爲強大、最容易利用的。

進行自我保健需要有關知識，這是高健商的關鍵。利用自己所掌握的醫學知識和養生保健手段，在不住院、不求醫護的情況下，依靠自己和家庭的力量對身體進行自我觀察、診斷、治療、護理和預防等工作，逐步養成良好的生活習慣，建立起一套適合自身健康狀況的養生方法，以達到健身祛病、延緩衰老和延年益壽的目的。這就是健商的真諦。

7 積極心態「化解」你的壞情緒

也許有的人會說：生活對我來說充滿了曲折和坎坷，磨難一個接著一個，幸福於我總是遙不可及，我怎麼可能擁有快樂，怎麼能不發脾氣呢？

其實，快樂與人生的順境和逆境無關，只與人的願望和努力的方向有關。

就像磐石底下拱出的一棵嫩芽，不停地將彎彎曲曲的細長身體頑強地向上伸展著，去竭力爭取得到陽光雨露的滋潤。於是，它的根在掙扎著生長的過程中深深地植入大地的胸膛，飽飲泉水和養分；它的軀幹和枝葉迎著燦爛的陽光茁壯而蓬勃地繁茂著；即便是在風雨中，它也在不停地歌唱。

所以，童年不幸的你，完全可以像這棵嫩芽一樣，用堅強和樂觀洗去臉上的陰鬱和眸子裡的淚光，一步一步扎實地向前走，最後，你一定會長成一棵參天大樹。

也許你在情感的道路上突然遭受了一場嚴重的傷害，你的心被摧殘得支離破碎，彷彿靈魂已經飛走了一般。但是只要你心中還有一絲快樂殘存，它就會慢慢治癒你心頭的創傷，使你那顆被情愛迷惑的心重新復蘇，讓你感覺到天涯處處有芳草，助你重新找到屬於你的愛。

也許健康的你突然遇到一場飛來橫禍，變成了殘疾；也許原本家財萬貫的你突然破產，一夜間變成了一貧如洗的窮光蛋；也許聰明好學的你竟然大考失利……

總之世事無常，命運多舛，任何人都可能在任何時間和任何地點，遭受到不同的打擊和挫折。但是，任何事情的本身都沒有快樂和痛苦之分，快樂和痛苦是我們對這件事情的感受，同一件事情，你從不同角度來看待，就會有不同的感受。

快樂，其實是一種境界、一種追求、一種憧憬，也是一種情緒。懂得了控制情緒的方法，你就已經站在了快樂的一方。

誰都無法「平安無事、無憂無慮」地過一輩子，誰都可能遇到不是那麼盡如人意的事，有的人能從挫折中瞭解人生的真諦，從困難中取得生存的經驗，從而歡樂常有，勇於奮進，終於到達成功的彼岸；而有的人則把苦難和憂愁悶在心上，整日裡烏雲密佈，煩惱不盡，不能自拔，不僅事業無成，而且累及身心健康。

因此可以說，一個人快樂與否，不在於他是否遇到了困境，而在於他怎樣看待困境。也就是說，消極心態與快樂是無緣的。

星期天，你本來約好和朋友出去玩，可是早晨起來往窗外一看，下雨了。這時候，你怎麼想？

你也許想：糟糕！下雨天，哪兒也去不成了，悶在家裡真沒勁。如果你想：下雨了，也好，在家裡好好讀讀書、聽聽音樂，也很不錯。這兩種不同的心理暗示，就會給你帶來兩種不同的思考方式和行爲。

你可以選擇一個快樂的角度去看待生活，也可以選擇一個痛苦的角度。魚在水裡游來遊去，那麼從容，那麼自在，它的快樂全部瀰漫在水中。而我們人的快樂也全部藏匿在生活的每個角落，它們是那樣的簡單，簡單到只需人們用心去細細地品味。

只要我們有一顆細細品味幸福的心，快樂自會縈繞在我們身旁。

煩惱就是給自己的捆綁

一個年輕人四處尋找解脫煩惱的秘訣。

有一天，他來到一個山腳下。只見一片綠草叢中，一位牧童騎在牛背上，吹著橫笛，笛聲悠揚，逍遙自在。

年輕人走上前去詢問：「你看起來很快活，能教給我解脫煩惱的方法嗎？」

牧童說：「騎在牛背上，笛子一吹，什麼煩惱也沒有了。」

年輕人試了試，不靈。於是，他又繼續尋找。

年輕人來到一條河邊，看見一位老翁坐在柳蔭下，手持一根釣竿，正在垂釣。他神情怡然，自得其樂。

年輕人走上前去鞠了一個躬：「請問老翁，您能賜我解脫煩惱的辦法嗎？」

老翁看了他一眼，慢聲慢氣地說：「來吧，孩子，跟我一起釣魚，保管你沒有煩惱。」

年輕人試了試，還是不靈。

於是，他又繼續尋找。不久，他來到一個山洞裡，看見有一個老人獨坐在洞中，面帶滿足的微笑。

年輕人深深鞠了一個躬，向老人說明來意。

長髯者微笑著摸摸長髯，問道：「這麼說，你是來尋求解脫的？」

年輕人說：「對對對！懇請前輩不吝賜教。」

老人笑著問：「有誰捆住你了嗎？」

「……沒有。」

「既然沒有人捆住你，又談何解脫呢？」

有的時候，我們的憂慮就如同這年輕人一樣，不肯讓自己放鬆下來，老愛自己找麻煩，和自己過不去。當我們在感慨活著真累的時候，卻未曾細想，生活本來無意與我們作對，和我們過不去的一直是我們自己。

歌德筆下的少年維特就屬於後者。維特總是充滿了對現實的不滿，他試圖發掘新的事物來忘卻自己的煩惱，卻不自知地陷入了另一樁煩惱之中。

他出生在一個較富裕的家庭，受過良好的教育，這對於很多吃了上頓沒下頓的人來說已經是十分值得滿足的了，但是他卻並不覺得自己幸福。為了排遣心中的煩惱，他告別家人，來到了一個偏僻的山村。

在那裡的一個舞會上，他認識了綠蒂，並且愛上了她。但是綠蒂已經訂婚，等她未婚夫回來的時候，他才發現自己有多麼的尷尬。他嘆息命運的不濟，最終在朋友的勸說下，離開了心愛的綠蒂。

換一個地方，又會有新的煩惱。維特在公使館當了辦事員，這比起很多找不到工作的人來說已經很不錯了。但是，他受不了別人對他工作的吹毛求疵和嘲笑，一氣之下辭去了公職。

維特總是飄忽不定，他不知道自己接下來該去做些什麼，心中總是不斷地有新的煩惱。他一直在尋找自己想要的東西，卻不肯定下心來，總是十分浮躁。他總是覺得自己比別人強，經受不住別人的冷眼，可是又有多少人羨慕他的年少、富裕和穩定的生活？

最後，他用自殺結束了一切。

人生不如意事十之八九，有的煩惱的確是憑空給自己的捆綁。在生活中，百分之九十九的煩惱其實是不會發生的。很多東西只是我們爲賦新詞強說愁而已。沒有人捆住我們，也就無所謂解脫。所謂的煩惱，大都是我們自己想像出來的，也或者是因爲太不知足。

學會積極的心理暗示

在生活中，我們不自覺地在心中塑造了很多的偶像，並且漸漸地習慣了仰視這些偶像，覺得他們高不可攀。生命本沒有高低貴賤，任何時候都不要看輕了自己。一個人再強也不要和別人比，再弱也要和自己比。只要挑戰過了自己，把以前的自己比下去了，你就會比別人強。

「二戰」後受經濟危機的影響，日本失業人數陡增，工廠效益也很不景氣。一家瀕臨倒閉的食品公司為了起死回生，決定裁員三分之一，其中清潔工、司機、無任何技術的倉管人員首當其衝，這三種人加起來有三十多名。

經理找他們談話，說明了裁員意圖。

清潔工說：「我們很重要，如果沒有我們打掃衛生，沒有整潔、優美、健康有序的工作環境，你們怎麼能全身心投入工作？」

司機說：「我們很重要，這麼多產品，沒有司機，怎能迅速銷往市場？」

倉管人員說：「我們很重要，戰爭剛剛過去，許多人掙扎在饑餓線上，如果沒有我們，這些食品豈不要被流浪街頭的乞丐偷光？」

經理覺得他們說的話都很有道理，權衡再三，決定不裁員，而是重新制定了管理策略。

最後，經理令人在廠門口懸掛了一塊大匾，上面寫著：「我很重要。」每天當職工們來上班，第一眼看到的便是「我很重要」這四個字。不管一線職工還是白領階層，都認為領導很重視他們，因此工作也很賣命。

這句話調動了全體職工的積極性，幾年後，公司迅速崛起，成為了日本有名的公司之一。

所以，任何人只要認爲自己很重要，他就有可能創造出奇蹟。

每個人身上都蘊藏著一份特殊的才能，那份才能猶如一位熟睡的巨人，等著我們去喚醒它，而這個巨人就是潛能。只要我們能將潛能發揮得當，我們也能成爲愛因斯坦，也能成爲愛迪生。無論別人如何評價我們，無論我們年紀有多大，無論我們面前有多大阻力，只要相信自己，相信自己的潛能，就會有所成就。

世界本就屬於我們，只要抹去身上的浮灰，無限的潛能就會像原子反應堆裡的原子那樣充分發揮出來，我們就一定會有所作爲，創造奇蹟！

有一個女孩，左額頭上有一塊傷疤，這讓她覺得自己很醜，對自己的形象非常沒有信心，不願意和別人打招呼，甚至不願意抬頭走路，每天情緒都很低落。

一天，媽媽送了她一隻髮夾，說把這個髮夾別在頭髮上，就能擋住那塊傷疤。

女孩對著鏡子把髮夾別好，確實遮住了傷疤，她立刻覺得自己變漂亮了，於是就別著髮夾出門了。

剛出家門的時候，由於她太高興了，不小心和迎面走來的一個人撞上，她面帶微笑地說了聲「對不起」，就去上學了。

一整天，女孩都覺得心情很好，好像每個人對她都比平時更親切，她也主動和別人打招呼，上課聽講也更認真了，因為她覺得每個老師都在注意她。尤其是在放學的時候，幾個平時不怎麼說話的同學，居然來找她一起回家。

回到家，女孩興奮地和媽媽說：「媽媽，你送給我的這個髮夾實在太神奇了！今天我感覺特別棒，從來沒有感覺這麼好過。」接著，她就把當天在學校發生的一切和媽媽講。

媽媽聽後，納悶地說：「女兒，可是你今天並沒有戴這個髮夾啊，你看，早上你出門後，我在門口撿到了它！」

故事中這個女孩的變化，就是受到了積極的自我暗示的作用。堅持心理上積極的自我暗示，對改變個人現狀、獲得新的做事思路是非常重要的。

笑一笑，讓心靈沐浴快樂的陽光

人有七情：喜、怒、憂、思、悲、恐、驚。生活當中的七情過度會使人生病，心理脆弱多疑者也容易患病，很多看似生理方面的疾病其實主要是心理方面引起的。對於這種患者，單用藥物治療，往往不能見效，最好的方法是讓心靈沐浴快樂的陽光。

英國著名化學家法拉第，由於長期處於緊張的工作中，患上了頭痛、失眠等症，經過多年醫治，未能根除，健康每況愈下。

後來，他請了一位高明的醫師，經他詳細詢問和檢查，醫師開了一張奇怪的處方：沒寫藥名，只寫了一句諺語：「一個小丑進城，勝過一打醫生。」

開始，法拉第百思不得其解，後來逐漸悟出了其中的道理，便決心不再打針吃藥，而是經常到馬戲團看小丑表演，每次都是大笑而歸。從此，他緊張的情緒逐漸得到鬆弛，不久，頭痛、失眠的症狀也消失了。

快樂是來自心靈深處的一種幸福感的流露。快樂純粹是發自內心的，它的產生不是由於事物，而是由於不受環境拘束的個人舉動所產生的觀念、思想與態度。

快樂時，人們能想得更好，做得更佳，感覺更舒服，身體更健康，甚至身體的感官也會更敏銳。快樂的你，也可以使別人受你的感染而變得身心愉快。

有個人家中掛了一幅畫，這幅畫是一張白紙，上面有一滴墨點。一位客人進來看到了，奇怪地問：「你們家怎麼把墨點掛在牆上？」

這人答：「這幅畫的名字叫快樂，整張白紙寫滿快樂，墨點是表示一點點的痛苦。」

客人又問：「去掉墨點，不就都變成快樂了嗎？」這人說：「去掉痛苦就顯不出快樂了。關鍵是，不要讓墨點遮住你的眼睛。」

有些科學家的研究表明，歡樂和笑能刺激腦部產生一種使人興奮的荷爾蒙。它一方面能促使身體增強抵禦疾病能力，另一方面還能刺激人體分泌一種叫「因多芬」的物質，這是人體自然的鎮靜劑，關節炎、某些創傷所引起的痛苦，都會因此而有所減輕。

笑是一種運動，它可以防病、治病。人們在笑聲中，呼吸運動加深，肺臟擴張，呼吸系統通過振動把廢物清除出去；人們在笑聲中，胃的體積會縮小，胃壁的張力加大，位置升高，消化液分泌增多，使消化功能增強；人們在笑聲中，心跳加快，血流速度加快，面部和眼球血流供應充分，使人面頰紅潤、眼睛明亮、容光煥發；更重要的是，笑使人的煩惱頓時消除，內疚憂鬱等不良心境得到調解，緊張的神經也會隨著歡笑而鬆弛。

當然，沒有人能夠隨時感到歡樂。對於煩惱、挫折，人們很可能出現暴躁、不安、懊悔等不良情緒。這種不快反應的產生，大部分源於「對自己自尊的打擊」等原因。

蕭伯納曾經說道：「如果我們感到可憐，很可能會一直感到很可憐。」對於日常生活中使人不快樂的那些眾多的瑣事與環境，可以由思考使自己感到快樂。當我們覺得不開心時，不妨分析一下自己的性格上的弱點，是因為急躁易怒而不快呢？還是因為妒嫉自大的個性？學會耐心、冷靜地對待生活。如果是後者，則更需要加強思想修養，學會寬厚待人，培養謙虛美德。美好的性格，高尚的品德，是快樂的支柱和依附之處。

俗話說：「笑一笑，十年少。」讓自己常常感到快樂，這樣生命才會更有意義。

第八章
學會選擇，學會放棄

行囊裝得太滿，就會阻礙我們行走在人生大道上的步伐。果斷地放棄，不僅是一種清醒的選擇，也是一種明智的選擇。

學會在取捨之間感悟人生，才能讓你獲得成功的生活；學會收放自如，才能幫助你尋找到人生幸福快樂的起點和源泉。

1 選擇退讓是為了更好的未來

真正有智慧的人，都懂得在必要的時候做出退讓，從而爲自己贏得更大的利益。暫時的妥協與退讓是人生處世的最高哲理所在，更是走向成功的謀略。適當的妥協與退讓，能讓你在以後的人生道路上走得更順、更穩。

有些時候，妥協與退讓並不意味著失敗，退一步反而能夠讓你獲得長遠的發展。退讓是一種韜晦之計，是爲了未來更好地發展。

楚莊王為了增強自己的勢力，發兵攻打庸國。由於庸國奮力抵抗，楚軍一時難以取勝，在一次戰鬥中，庸國還俘虜了楚將楊窗。

三天後，由於庸國的疏忽，楚將楊窗從庸國逃了回來。楊窗對楚莊王說明了庸國的情況，說道：「庸國人人奮戰，如果我們不調集主力大軍，恐怕難以取勝。」

有人出了一個主意，建議用佯裝敗退之計，以驕庸軍，然後再去進攻他們。於是，楚軍與庸國開戰不久，楚軍便佯裝難以招架，敗下陣來，向後撤退。如此一連幾次，楚軍節節敗退，庸軍七戰七捷，不由得驕傲起來，漸漸開始不把楚軍放在眼裡，鬆懈了鬥志。

在這種情況下，楚莊王率領增援部隊趕來，軍師說：「我軍已七次佯裝敗退，庸人已十分驕傲，現在正是發動總攻的大好時機。」

於是，楚莊王下令兵分兩路進攻庸國。此時庸國將士正陶醉在勝利之中，他們怎麼也不會想到楚軍會突然發起進攻，庸國士兵倉促應戰，抵擋不住，楚軍就在這種情況下一舉消滅了庸國。

楚國爲了獲得勝利，選擇了退讓的策略，並最終打敗了庸國。可見，退讓有時便是爲了更好地前進。但凡有智慧和心機的人都應該學會退讓，以便積蓄更大的力量，從而獲得主動權，爲以後的成功創造更好的發展機會，同時也爲自己的利益開闢一條寬敞大道。

你的退讓表面上迎合了對方的需要，把對方的利益放在了第一位，實際上卻爲自己贏得了長遠的發展。假如你明明知道自己不是對方的對手，還去和對方搏鬥，最後吃虧的只會是你自己。而妥協與退讓卻能爲你保存實力，以便在將來的一天打敗對手。

2 有選擇就必然要放棄

人生如演戲，每個人都是自己的導演，只有學會選擇和懂得放棄的人才能創作出精彩的電影，擁有海闊天空的人生境界。不要再不斷地抱怨自己的生活太忙碌，因爲在那麼多忙碌的事情中，總有幾件事情是可以放棄的。如果你還在爲那些蠅頭小利而捨不得放棄，那麼你的一生將註定會碌碌無爲。

一九五七年，松下毅然放棄了研究長達五年的大型電腦項目。這個消息的傳出令所有人都十分震驚，因為當時松下已經對此投資了約十五億日圓，而他們的兩台樣機經過試用十分先進，很快就能大規模投入生產，推向市場。

那麼，松下為何會放棄這樣一個已經接近成功的專案呢？

在松下放棄這項研究前，美國大通銀行的副總裁曾到松下進行訪問，談話中不知不覺就把話題轉到了電子電腦上。當副總裁聽到日本目前包括松下在內，共有七家公司生產電子電腦時，嚇了一跳。

他說：「在我們銀行貸款的客戶當中，大部分電子電腦部門的經營似乎都不順利，而且他們之所以能夠生存下去，完全是依靠其他部門的財力支持，幾乎所有的電腦部門都出現了赤字。就拿美國的現狀來說，除了IBM公司以外，其他的公司都在慢慢緊縮對電腦的投入。而日本竟然有七家這樣的公司，未免太多了一點。」

大通銀行的副總裁走後，松下對副總裁給的消息進行了仔細的考慮，最後決定從大型電子電腦方面撤退。因為松下的大型電腦項目在接下來的科研、生產以及市場推廣上還需要投入近三百億日圓，現在放棄，雖然會損失十五億，卻可以避免三百億的損失。

這個決定不但使松下更加專注於對電器和通訊事業的發展，而且使松下慢慢成為了電器王國的領頭軍。

看完這個故事，想必很多人都會爲松下的「果斷放棄」而感到敬佩不已。的確，松下的舉動爲人們樹立了一個很好的榜樣。人生苦短，世事茫茫，能成大事者，貴在目標與行爲的選擇。

能審時度勢、揚長避短、把握時機地放棄，不僅是一種理性的表現，也不失爲一種豁達之舉。

兵法有云：傷其十指不如斷其一指。這爲我們在捨與得之間指明了前進的方向。無論做什麼事，都不可缺乏在專業上的一技之長，眉毛鬍子一把抓，樣樣精通，樣樣稀鬆，反而使自己無所成就。因爲這樣的人忘記了「不怕千招會，就怕一招絕」的秘笈。

古訓說得好：「欲多則心散，心散則志哀，志哀則思不達。」人的精力畢竟有限，世界上最大的浪費，就是把寶貴的精力無謂地分散在許多事情上，而「有所不爲」就是爲了更加專注。

在有限的生命中理智地做出選擇，這是十分難得的，需要人們保持一顆淡然和超然之心。選擇是人生成功道路上的航標，只有量力而行的睿智選擇，才能擁有更加輝煌的成功。

很多人都在選擇，選擇自己想要的，選擇適合自己的，選擇自己喜歡的，卻很少人去學習如何放棄。

其實，從某種程度上來說，選擇的同時也是在放棄，而放棄的瞬間也是在做著選擇，兩者是相通的。關鍵就在於，你會用怎樣的心境看待它們，生活的本質就在於此。放棄是選擇的跨越，只有學會了放棄，才能擁有一份成熟；只有學會了放棄，才能讓自己多出一份穩重。

3 放棄不切實際的幻想

曾經有一個人，覺得自己每天都活得不堪重負，沒有絲毫快樂可言，於是，他去請教一位德高望重的聖人。

聖人讓他背起一只竹簍，然後每走一步就撿一粒石子放進竹簍裡。他剛走百步，便覺得背上的東西重得受不了了。

這時，聖人又把石子一粒一粒地從竹簍裡取出，並且告訴他說：「這粒是功名，這塊是利祿，這粒是小肚雞腸，這粒是斤斤計較……」

當大半石子被拋出後，他明顯感到輕鬆多了。那個人在聖人的指點下終於找到了自己不快樂的原因。

生活就像一只竹簍，當我們把功名利祿統統壓在身上，當然會壓得自己失去快樂的感覺。如果把這些東西放下，快樂定會與你爲伴。

生活對於每一個人都是公平的，如果我們放棄了一樣事物，它一定會給我們另一種幸福。就像我們捨不得放棄陽光的明媚，就不會看見晚霞的美麗；捨不得放棄春天的鳥語花香，就不會擁有秋天的碩果累累；捨不得放棄夏天的絢爛多姿，就不會擁有冬天的雪花飛舞；不舍放棄童年的無憂無慮，就不會擁有長大成人後的輝煌成就……

因此，那些什麼都不願放棄的人，才是對生命的最大放棄。

要知道，昨天的成就，不能代表今天，更不能代表未來。只有勇敢地放棄自己的過去，放棄那些阻擋自己前進的東西，我們才能快樂瀟灑地選擇另一種生活，從而培養自己對生活的堅定信念。所以，放棄意味著爭取。放棄一些我們無意或者是無法得到的，才能夠更專注、更有力地追求我們想要得到的。學會放棄，人生才顯得更加積極主動。

人生在世，忙忙碌碌，疲於奔波，常常被強烈的欲望所驅趕，不敢停步，不敢懈怠，背上的包裹越來越多、越來越沉，卻什麼都不願放棄。如此，收穫越來越多，身心也越來越疲憊。

學會放棄，是因爲心靈的天空不能塞得太滿，就像雲朵太多就成了烏雲密佈，幾朵白雲飄曳才能顯出天空的美麗。

心理學家曾對兩隻老鼠做過一個實驗。研究人員用手緊緊抓住第一隻老鼠，無論牠怎麼反抗掙扎，都沒有辦法逃脫。這樣任老鼠掙扎了一段時間以後，終於放棄了存活的希望，一動也不動地躺著。

這時候，研究人員再把牠放到一個溫水槽裡，老鼠立即就沉了下去，牠沒有游泳自救。而第二隻老鼠並沒有被緊緊地抓過，所以被放到水槽裡之後，馬上就從水裡游了出來。

兩隻老鼠的實驗說明，如果放棄了希望，放棄了改變現實的勇氣，生活必將變得暗淡，我們也將失去生存的條件。

如果一個人能在不斷的打擊中放下心中的陰影，放下腦中的憂慮，把剩下的有限精力投入到新的考驗中去，用不達目的絕不停止的堅忍精神開創新的天地，總有一天，他會看見成功的彩虹。

許多時候，勝利者和失敗者往往只差一點，那就是堅持的精神和敢於放棄打擊後的失落心情的決心。他們從來都不輕信別人的流言，一直以自己的態度爲基點，因爲只有自己的勇氣和辛勞，才能幫助自己解決一切橫在面前的難題。

學會放棄，是放棄那些不切實際的幻想和難以實現的目標，而不是放棄爲之奮鬥的過程和努力；是放棄那種毫無意義的拼爭和沒有價值的取索，而不是喪失奮鬥的動力和生命的活力；是放棄那種金錢地位的搏殺和奢侈生活的創造，而不是失去對美好生活的嚮往和追求。

放棄，是一種境界，是自我發展的必由之路。昨天的輝煌不能代表今天，更不能代表明天，過去的成就只能讓它過去，只能毫不痛惜地放棄。只有學會放棄，才能卸下身上的負擔，輕鬆上路，才能激發出新的力量，有新的收穫。如果在奮鬥的路上遇到了煩惱，應該先暫時將煩惱放置一邊，去做自己喜歡的事，等到心情平和後再重新面對。這是對痛苦的解脫，也是對愉快生活的接受。

4 取捨要有「道」

在金庸的《笑傲江湖》中，辟邪劍法是一種非常厲害的劍法，這種劍法來自《葵花寶典》。

《葵花寶典》是皇宮中的一位宦官所著，後為福建莆田少林寺方丈紅葉禪師所得。紅葉禪師臨圓寂之時，以其悲憫情懷，將《葵花寶典》毀去。而他的弟子渡元卻捨不得將從《葵花寶典》中悟出的辟邪劍譜毀去，但他也鄭重告誡，這門劍法有種種違礙，佛門人固然不應研習，俗家人更萬萬不可研習。

那麼，爲什麼不能研習呢？據書中說，主要有兩個原因：一是第一關凶險重重，必須「引刀自宮」；二是修習寶典所導致的後果，是「斷子絕孫」。但這似乎並不能阻止人們對這種武功的嚮往。

魔教得到的《葵花寶典》殘本，掌握在任我行手中，他覺察到東方不敗日漸跋扈，乃以之相授。東方不敗習練《葵花寶典》，照著寶典上的秘方，自宮練氣，煉丹服藥，致使性情和生理發生大變，但武功卻是突飛猛進。

後來，任我行、向問天、令狐沖、任盈盈四人聯手和東方不敗交手，也只能靠他分心受傷，才打敗了他，對他的武功都非常佩服。

東方不敗研習《葵花寶典》，雖然在本質上是受到了任我行的算計，即見到《葵花寶典》是被動的，但他對這門功夫的熱愛與癡迷卻是發自內心的，也就是說，一旦見到這份秘笈，也就化被動爲主動了。岳不群和林平之則不同，他們一開始就是主動的。

金庸在敘述東方不敗、岳不群和林平之諸人對《葵花寶典》的癡迷時，顯然是帶有價值判斷的。因爲武功本身並無所謂好壞，事實上，掌握了辟邪劍法的渡元法師，行俠仗義，就完全是一個正面形象。

無論是引刀自宮還是斷子絕孫，都是達到那一武功境界的必要條件，也就是作爲前提必須要放棄的東西。如果爲了研習《葵花寶典》或辟邪劍法，捨去了某些在世俗看來非常重要的東西，得到了境界的提升，似乎並不存在什麼問題。

這告訴我們，選擇和放棄的標準，須是人性之正、人性之常，是趨向正面的東西，否則，即使是做壞事，也可以在選擇與放棄這一範疇中做文章了。

有一道測試題：你開著一輛車，在一個暴風雨的晚上，經過一個車站，那裡有三個人正在等公共汽車。

一個是快要死的老人，很可憐；一個是醫生，他曾救過你的命，是你的大恩人，你做夢都想報答他；還有一個人，是你的夢中情人，也許錯過就沒有了。但你的車只能坐一個人，你會如何選擇？

面對問題，每一個人都難以取捨，因爲每一個選擇都有它應該存在的原因：老人快要死了，應該先救他，沒有什麼比人的生命更重要；每個老人最後的終點站都是死，所以應該先讓那個醫生上車，因爲他救過自己，這是個報答他的好機會；對於恩人，可以在將來某個時候去報答他，但是一旦錯過了這個機會，你可能永遠都無法再遇到一個讓你這麼心動的人了。

於是，仁者見仁，智者見智，最後，有人給出了一個答案：

「把車給醫生，讓他帶著老人去醫院，自己則留下來陪夢中情人一起等公車！」這個答案可謂是「取捨有道」的一個最好例子。它說明：取捨之間是需要膽略和智慧的，但它更決定於你的人生觀和世界觀。

請你認真思考以下問題，並將答案寫下來，它們有助你建立起正確的取捨之道。

（1）生命中你到底在追求什麼？

（2）什麼才是你真正想要的？

（3）在你所有的夢想都實現了之後，你還需要什麼？

（4）什麼時候是你最感幸福和欣慰的時刻？那是一種怎樣的感覺？

（5）什麼事情使你最感動？你是如何獲得這種感覺的？

（6）你來到這個世界的價值是什麼？什麼事情對你是最重要的？

（7）在你生命中不能沒有什麼？你到底為了什麼而活著？

（8）你怎麼做才覺得生命是最有意義的？

5 不爭一時之長短

莊子曾經講過一個故事：每天都有許多釣魚蝦的人，大部分人都是扛著竹竿東奔西走，池塘邊、小河邊，甚至是湖邊，他們都釣得不亦樂乎，天天有所得。

只有一個人每天蹲在海邊釣海魚，他的魚鉤就像大鐵貓一樣大，釣線猶如水桶一樣粗。可是，日復一日，年復一年，十年過去了，他依然毫無收穫。別人都覺得他這個人很奇怪，有人還說他像「傻瓜」。後來，他終於釣到了一條大魚。他將魚弄到岸上分割開來，讓所有的人一同分享美味，很長時間都沒有吃完。

這個寓言故事說明了一個道理：做人，不可爭一時之長短，想要有大的收穫，就必須付出長時間的努力和等待。不爭一時之長短的人，懂得「四兩撥千斤」，與只會使用蠻力的人相比，他們靠的是高明的智慧。實際上，「不爭」只是因為時機未到，還不值得爭，一旦時機成熟，就應該奮力拼搏、堅決果斷、毫不退縮，將「爭」進行到底。古往今來，能成大事者無不具備這種優秀的品質。

不爭一時，才能換來長久

人生短短幾十年，大好時光匆匆而過，如果將大量的時間都花費在「爭論一時長短」之上，那豈不是太可惜了？一個理智之人，就應該做到有所爲有所不爲，不該爭的東西就坦然地放下，這樣才能夠爲心中那個更大的目標而積蓄力量。事實也證明，越是偉大的成功，越是偉大的事業，越需要長期的努力與付出。

在一個大森林裡，「百獸之王」獅子建議九隻野狗和牠一起合作外出獵食。

經過一天辛苦的捕獵，牠們一共抓住了十隻羚羊。獅子說道：「現在獵物已經到手了，但是我們必須找一個明事理的人，來幫我們分配這頓美餐。」

話音剛落，一隻野狗便馬上說道：「這不是很好分嘛，一對一最公平了。」獅子聽了非常生氣，牠立即將野狗撲倒在地，將野狗打昏。其他野狗看到這一幕都嚇呆了。

過了一會兒，其中一隻野狗鼓足勇氣地對獅子說：「不！不！大王，剛才我的弟兄說錯了，我覺得應該這樣分：給您分九隻羚羊，那您和羚羊加起來就是十隻；我們分一隻羚羊，加起來也是十隻，這樣就公平了。」

獅子聽了非常滿意，問道：「你是怎麼想到這個分配妙法的？」

野狗回答道：「當您將我的弟兄撲倒打昏後，我就立刻增長了點兒智慧。」

和獅子相比，野狗的實力自然是大大不及，儘管牠們在數量上佔優勢。在這種情況下，野狗只有屈服於獅子的霸道和權威，才能夠保全性命。倘若牠們爲了實現

公平而爭論不休，後果可想而知。因此，野狗的做法是明智的。

常常爭一時長短的人總是認爲自己有的是時間，有的是機會，也有的是激情，即便是經歷挫折也在所不惜，卻從來不考慮能不能憑藉自己的實力將事情做好。當歷經了無盡的滄桑，受盡了痛苦的磨難之後，他們才悄然大悟：原來自己可以通過其他的方法來獲得成功。可此時顯然爲時已晚，青春不再，勇氣不再，就連激情也不再，拿什麼來換成功呢？所以有人說：「智慧之人不爭一時之長短，愚蠢之人則常爲眼前得失而自斷後路。」

讓他三尺又何妨

在我們周圍，總是有一些人爲了雞毛蒜皮的小事而爭來鬥去，細想一下，這樣做實在毫無意義。這種做法只會降低自己的人格，只有能忍能讓、不爭一時長短的人，才顯得超脫瀟灑。

在安徽桐城有一處名揚四海的景址：六尺巷。這本是一條極為平常的小巷，它之所以能夠被世人記住，是因為這裡流傳著一個令人稱道的故事。

話說在清朝康熙年間，在京城任文華殿大學士兼禮部尚書的張英收到了一封家書。原來，家人正在修建房子，但由於建圍牆一事和鄰居爭起了地皮，還鬧到了官府。雙方爭執不下，家人只有寫信給他，希望他能夠回去主持公道。

張英隨即修書一封，他這樣寫道：「千里修書只為牆，讓他三尺又何妨，萬里長城今猶在，不見當年秦始皇。」

收到張英的信之後，深明大義的家人也感到只為爭幾尺巷地而鬧得鄰居不和，實在說不過去。於是，便採取了謙讓不爭的態度，將待建的圍牆退讓了三尺。

鄰居得知此事後，也深深地被張英的官德所感動，也將自家的圍牆向後退讓了三尺。這樣一來，兩家的圍牆之間就形成了一條六尺寬的小巷，從此以後兩家和睦相處，再也沒有出現過紛爭。

「六尺巷」成了互諒互讓之美德的象徵，這個故事也流傳到了今天。

張英身居高位，卻沒有濫用權力爲家人出頭，反而教育家人不要爭強好勝，其

美德令人敬佩。不過，並不是每個人都懂得「不爭一時長短」的意義。很多人沒有足夠的耐心，看到別人收穫了成功，便迫不及待地進行效仿，結果因小失大；還有一些人年輕氣盛、血氣方剛，眼睛裡容不得一點沙子，不懂得採取迂迴戰術，只要看到無法忍受的事情，便要上前進行一番較量，這無異於拿雞蛋去碰石頭，結果只能落得慘敗的下場。

和，是一種需要人們精心培育和建設的文化。只有捨掉「爭」，才能換來「和」。一個「和」字，包含許多內容：和氣、謙讓、體諒、互尊等。在現實生活中，人與人之間出現一些雞毛蒜皮的小矛盾在所難免，只要相互講點風格、講點禮讓，矛盾自然就會化解，這是和諧生活的前提。

很多人都感嘆「做人真難」，難在懷才不遇，難在不被理解，難在遭遇強權，難在陷入困境……的確，這些狀況無疑會使我們的生活充滿艱難和險阻。但是，如果你不去計較，它們也成不了大氣候。所以說，做人應該把眼光放得更加長遠一些，而不是束縛在眼前的利益上。

6 最難「放下」

修養心靈不是一件容易的事，要用一生去琢磨。人生最大的明智就是拿得起，放得下。只有這樣，人才能活得輕鬆而幸福。

所謂「拿得起」，指的是人在躊躇滿志時的心態，「放得下」，則是指人在遭受挫折或者遇到困難時應採取的態度。李嘉誠有一次在長江集團周年晚宴上說：「好的時候不要看得太好，壞的時候不要看得太壞。」這句話是李嘉誠人生修煉最高境界的體現，也就是「拿得起，放得下」。

人生的煩惱來自於非分的欲望，種種誘惑使你心中的明月蒙塵。修養心靈不是一件容易的事，要用一生去琢磨。「放得下」非常不容易做到，有了功名，就對功名放不下；有了金錢，就對金錢放不下；有了愛情，就對愛情放不下；有了事業，就對事業放不下……肩上的重擔，心上的壓力，使我們生活得非常艱難。

爲什麼有的人活得輕鬆，而有的人活得沉重？因爲前者是拿得起，放得下，而後者是拿得起，卻放不下。歌德說：「一個人不能永遠做一個英雄或勝者，但一個人能夠永遠做一個人。」這裡，「做一個英雄或勝者」，指的便是「拿得起」的狀態；而「做一個人」，便是「放得下」的狀態。

有個人兩手各拿著一隻花瓶前來拜見「三祖寺」的宏行法師。法師對他說：「放下！」那個人便把左手拿的花瓶放下了。

法師又說：「放下！」他便把右手拿的花瓶也放下了。

法師還是對他說：「放下！」那個人說：「法師，能放下的我已經都放下了，我現在兩手空空，沒有什麼可以再放下了，您到底讓我放下什麼呢？」

法師說：「我要你放下的，你一樣也沒有放下；我沒有叫你放下的，你全都放下了。花瓶是否放下並不重要，我要你放下的是心中的雜念。你的心已經被這些東西填滿了，只有放下這些，你才能從生活的桎梏中解放出來，才能懂得真正的生活。」

那個人終於明白了，點了點頭。

宏行法師最後說：「『放下』這兩個字聽起來容易，做起來卻很難。有的人追求功名，他放不下功名；有了金錢，就放不下金錢；有了愛情，就放不下愛情；有了忌妒，就放不下忌妒。世人能有幾個真正做到『放下』呢？」

「放下」，不失爲一條追求幸福的絕妙方法。拿得起是一種執著，而放得下則體現了一種氣魄。不過，人類本是欲望動物，幾乎每個人的內心深處都有一種「得到越多越好」的理念。也就是說，當我們拿起一件東西時，就很難再把它放下，而這一點也正是煩惱產生的根源所在。人生有太多無奈，皆因「放不下」引起。

「拿得起」需要超乎常人的自信，需要積極向上的心態，更需要有勇有謀的智慧。具備了這些品質，才有可能在殘酷的競爭中脫穎而出，得到自己想要的。很多人都認爲，人生最大的成就就是不斷地拿到自己想要的，但實際上恰恰相反，「放得下」才是最大的包袱。學會放下，才能贏得成功的人生；學會放下，才能換來從容的生活。只有放下，才能夠幫你在困惑的十字路口做出決定，讓你的人生之路越走越遠。

知足的人，能夠找準自己的位置，貧窮不以爲苦，富裕不以爲樂，覺得這樣也好，那樣也不錯，不管物質好壞、境遇順逆，都保持積極樂觀的心態。

它並不是一種消極的思想，而是對現實生活中的正確反映，絕對値得提倡。試想，一個年薪只有三萬元的人，卻總是想擁有一套價値千萬的豪宅，豈不是太不現實了嗎？倘若他學會滿足，日子照樣可以過得有滋有味。

生活原本是非常純樸、簡單的，學會捨棄自己不特別需要的，保持一顆簡單和明朗的心，即使是在奔跑中，你也可以很沉穩。

7 沒有明智的放棄，就不會有輝煌的獲得

船舶航行在大海中，當遇到毀滅性的狂風暴雨等緊急危險時，船員便會扔掉船上一切可以扔掉的物品，以便儘量減輕船的負擔，讓航船能從危險中解脫。

人生也如同一艘航船，當我們遇到一些巨大的困難時，必須扔掉一些可有可無的東西。然而，在遇到困難之前，我們是否想過提前丟掉那些不必要的東西呢？

生命之舟載不動太多的虛榮和物欲，只有選擇自己所需輕載航行，才能讓它順利度過各種艱難險阻，成功到達理想的彼岸。

有的人放不下誘人的錢財，於是想盡辦法想要多賺一些，甚至鋌而走險利用職務之便侵吞公款，最終醜事暴露，身敗名裂；有的人無法抑制對權力的渴望，一心往上爬，溜鬚、拍馬、賄賂等手段層出不窮，等到權力盡失、身陷囹圄的時候已經是後悔莫及。

大千世界紛繁複雜，現代社會物欲橫流，每個人都有無法得到和必須放棄的東西，如果糾結於擁有，則會無法釋懷，失去快樂的心情。只有樂觀、豁達的人，才能直面失去，在失去之後依然保持輕鬆平和的心態。

放棄，是每個人都應該學會的，這不僅能讓自己保持健康的心態，也是成功路上必然的選擇。放棄並不是失望的退卻，而是一種智慧的選擇。獲得是很多人奮鬥的目標，而學會放棄，則能讓一個人擁有更好的獲得。

象棋中有「丟卒保車」的戰術，同樣，在人生中，有時候我們也必須學會放棄。當然，「撿了芝麻丟了西瓜」的做法則是不可取的放棄，是不可取的。得失之間的效果，可能不會在短時間內見效，但是善於取捨的人，會取得其中的主動權，讓它發揮最大的功效。

人生之中有得必有失，難免經歷風雨坎坷，只有學會放棄，才能獲得成熟，才能讓生活更加充實和坦然。進退從容，積極樂觀，必然會迎來光輝的未來。

8 選擇立即行動

人的一生，經常會面臨很多選擇和判斷，有時候，對錯僅僅是一紙之隔或一時之間，而人們往往會因爲一些心理矛盾，使自己陷入彷徨中，不能夠立即做出清醒的判斷。尤其是在影響一生的重大選擇上，人們的猶豫表現得更加明顯。殊不知，最終導致錯失良機的恰恰就是猶豫。

人生道路上，思前想後固然可以防止做錯事情，但同時也可能會令你失去更多成功的機會。那些做事情舉棋不定、猶豫不決的人，最後往往都是兩手空空、一事無成。因爲這種做法總是會讓時機從身邊溜走，從而難以使自己的生活過得更好，讓自己的事業獲得成功。

從心理學角度來看，優柔寡斷是意志薄弱的表現。意志是人的意識能動作用的表現，是人在認識客觀事物時，自覺地確定行動目標並選擇適當的手段，通過克服困難達到自己預定目標的心理過程。

猶豫不決主要表現爲左顧右盼、拿不定主意、缺乏主見、優柔寡斷等。人在猶豫的時候，心態往往是非常矛盾的，前怕狼後怕虎，使自己陷入強烈的內心衝突。

猶豫是人生成功的首要敵人。生活中，很多人之所以一事無成，大多都是因爲他們缺乏敢於決斷的勇氣和魄力，常常左顧右盼、思前想後，錯失了成功的最佳時機。而那些成功者，卻能在看到事情成功的可能性到來時，立即做出重大決定，因而取得了先機。

所以，我們應從今天開始，從現在做起，逼迫自己訓練並養成一種堅毅、果斷的能力，面對任何事情都不要猶豫不決。

英國著名作家莎士比亞曾說：「重重的顧慮使我們全變成了懦夫，決心的熾熱光彩，被審慎的思維蓋上了一層灰色。偉大的事情在這種考慮下，也會逆流而退，失去行動的意義。」

縱觀古今，凡成大事者大都有智慧選擇的趣談；而那些失敗者，卻都有不能果斷抉擇的遺憾。

我們在生活、工作中需要面對各種選擇，就連遊覽風景區也需要做出選擇。由於時間的問題，我們不可能走完所有路線，那麼，這個時候應該怎樣取捨呢？

凡碰到一個岔路口，我們就應選擇一個前進的方向，一邊走，再一邊做出下一個選擇。每選擇一次，就必然要放棄一次，當然也會遺憾一次。

但是，儘管我們放棄了一些地方，卻能夠在有限的時間內看到盡可能多的風景。反之，如果我們不當機立斷，便會失去更多。人生亦是如此，左右爲難的情況時常都會出現，爲得到一半，就必須要放棄另一半，如果過多地權衡，患得患失，到頭來只會兩手空空，一無所獲。

偉大詩人歌德曾說過：「長久遲疑不決的人，常常找不到最好的答案。」因此，在生活中，我們不能再猶豫不決了，應有意識地訓練自己的果斷力，這也是取得成功的秘訣所在。

當然，想要提高果斷力，就要認識到「不懂放棄就難得擁有」的道理，要明白機會只在一瞬間。

在最短的時間，選擇做出明確的決定，定能為自己贏得更多的成功機會。

你，選對了嗎：不選擇的勇氣

（原書名：不選擇的勇氣——沒有最好選，只有怎麼選！）

作者：張旭
發行人：陳曉林
出版所：風雲時代出版股份有限公司
地址：10576台北市民生東路五段178號7樓之3
電話：(02) 2756-0949
傳真：(02) 2765-3799
執行主編：劉宇青
美術設計：吳宗潔
業務總監：張瑋鳳

出版日期：2024年1月 新版一刷
版權授權：馬峰
ISBBN：978-626-7369-24-1

風雲書網：http://www.eastbooks.com.tw
官方部落格：http://eastbooks.pixnet.net/blog
Facebook：http://www.facebook.com/h7560949
E-mail：h7560949@ms15.hinet.net
劃撥帳號：12043291
戶名：風雲時代出版股份有限公司

風雲發行所：33373桃園市龜山區公西村2鄰復興街304巷96號
電話：(03) 318-1378
傳真：(03) 318-1378
法律顧問：永然法律事務所 李永然律師
　　　　　北辰著作權事務所 蕭雄淋律師

行政院新聞局局版台業字第3595號 營利事業統一編號22759935
©2024 by Storm & Stress Publishing Co.Printed in Taiwan
◎如有缺頁或裝訂錯誤，請退回本社更換

定價　：280元　**版權所有　翻印必究**

國家圖書館出版品預行編目資料

你,選對了嗎 / 張旭著. -- 臺北市：風雲時代出版股份有限公司, 2023.12 面；　公分

ISBN 978-626-7369-24-1 (平裝)
1..CST: 成功法

177.2　　112019012

風雲時代